Fleisch *frei*

60 vegetarische und vegane Rezepte,
die satt machen und gesund sind

Warum fleischfrei glücklich macht

Vegetarische und vegane Rezepte durchs Jahr

Liebe Leserin, lieber Leser!

Geht es Ihnen auch oft so? Rezepte mit Fleisch fallen Ihnen ständig ein, dabei würden Sie doch lieber mal eine vegetarische oder vegane Mahlzeit zaubern? Gründe, um öfter auf Fleisch zu verzichten, gibt es einige: Tatsächlich profitiert unsere Gesundheit von einer pflanzenbetonten Ernährung. Viele Krankheiten, wie etwa Herz-Kreislauf-Leiden, entstehen auch aufgrund unseres übermäßigen Fleischkonsums. Vielleicht wollen Sie mit dem eigenen Verzicht auch ein Zeichen gegen Massentierhaltung und für den Umweltschutz setzen. Essen wir weniger Fleisch, tragen wir dazu bei, ressourcenschonender und umweltbewusster zu leben.

Sie sehen, es gibt genug Argumente die eigene Ernährungsweise zu überdenken und in Zukunft Tiere, Umwelt und die eigene Gesundheit mehr zu schützen. Denn auch Lebensmittel können Einfluss darauf nehmen, wie gesund wir sind und welchen CO_2-Abdruck wir hinterlassen.

Nun müssen Sie aber nicht von heute auf morgen streng auf Fleisch verzichten. Es geht vielmehr darum, neue Impulse zu setzen, Gefallen an fleischfreien Rezepten zu finden und zu erfahren, dass man auch vegetarisch und vegan satt werden und lecker essen kann. Eine fleischfreie Ernährung hat längst nichts mehr mit Verzicht zu tun. Gemüsegerichte werden inzwischen so vielseitig und raffiniert zubereitet, dass alle auf ihre Kosten kommen.

Wer sich allerdings bei so viel Grün auf dem Teller um lebenswichtige Nähr- und Mineralstoffe wie Eiweiß, B-Vitamine oder Kalzium sorgt, darf beruhigt sein: Unser Ernährungsratgeber „Fleischfrei“ stellt Ihnen die besten vegetarischen und veganen Lieferanten vor.

Pflanzenbetont zu essen ist das eine, nachhaltig einzukaufen das andere. Unser Klima sollte auch mit einer pflanzenbetonten Kost möglichst wenig belastet werden. Wer Lebensmittel aus der Region wählt sowie Gemüse und Obst saisonal einkauft, leistet schon einen großen Beitrag für mehr Umweltschutz. Sie erfahren außerdem, warum Bio nicht immer nachhaltig bedeutet und welchen CO_2-Fußabdruck Lebensmittel durch Anbau, Ernte, Verpackung und Transport hinterlassen.

60 Rezepte aus der vegetarischen und veganen Küche begleiten Sie durchs Jahr. Ob Pastinaken-Nudeln oder Topinambur-Gratin, Mandelmus-Crêpes oder Gemüse-Burger: Für jeden Geschmack ist garantiert etwas dabei. Lassen Sie sich inspirieren. Wir wünschen einen guten Appetit!

Julia Rotherbl **Dr. Dennis Ballwieser**

Chefredaktion Apotheken Umschau

Warum fleischfrei **glücklich** macht

Heute gibt es mal kein Fleisch

Das ist eine kluge Entscheidung – für Ihre Gesundheit, für Vielfalt auf dem Teller, aber auch für das Tierwohl und den Umweltschutz.

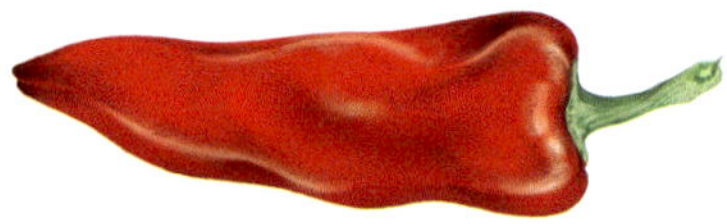

Eine nachhaltig vegetarische oder vegane Lebensweise hat längst nichts mehr mit Verzicht zu tun. Schon heute ernähren sich acht Millionen Menschen in Deutschland vegetarisch. Zwei weitere Millionen verzichten bewusst auf alle tierischen Lebensmittel, leben also vegan. Hinzu kommen viele Flexitarier, flexible Vegetarier also, die zwar überwiegend fleischlos leben, aber hin und wieder eine Ausnahme machen. Diese Zahlen werden weiter steigen, das zeigt die sinkende Nachfrage nach Fleisch. Und das ist gut so. Denn unsere größte Aufgabe für die nächsten Jahre liegt darin, Tiere, Umwelt und unsere Gesundheit zu schützen. Und dabei spielt unsere Ernährung eine entscheidende Rolle.

Warum wir umdenken müssen

Unwürdige Massentierhaltung, eine fortschreitende Erderwärmung und zunehmende Zivilisationskrankheiten – sie alle haben einen wichtigen gemeinsamen Nenner: unsere Ernährung. Denn Lebensmittel haben einen maßgeblichen Einfluss darauf, wie gesund wir bleiben, Tiere behandelt werden und sich die Umwelt verändert. Auch wenn der Fleischkonsum in Deutschland seit einigen Jahren rückläufig ist, rangiert er mit 57 Kilo pro Kopf und Jahr aus globaler Sicht auf einem hohen Niveau. In Entwicklungsländern werden zum Vergleich jährlich 31 Kilo Fleisch pro Person verbraucht, auch wenn selbst dort immer mehr Rinder, Schweine und Geflügel gegessen werden.

Mit steigender Bevölkerungszahl – nach heutigen Schätzungen könnten wir im Jahr 2050 über neun Milliarden Menschen sein – und steigender Fleischnachfrage steht die Menschheit vor einem zusätzlichen Problem: Immer mehr Tiere brauchen immer mehr Platz und immer mehr Futter.

Allein in der Europäischen Union werden laut Greenpeace mehr als 70 Prozent aller landwirtschaftlichen Flächen für den Anbau von Tierfutter genutzt, meist mit einem erheblichen Einsatz an Düngemitteln, Trinkwasser und Pestiziden. Die Ernte dieser 125 Millionen Hektar frisst zusätzlich unvorstellbare Mengen an Energie in Form von Treibstoff.

Zudem trägt die Tierhaltung erheblich zur Entstehung von Treibhausgasen bei. Laut Umweltbundesamt stammen rund 63 Prozent der gesamten Methan-Emissionen und 81 Prozent der Lachgas-Emissionen in Deutschland aus der Landwirtschaft. Pro Kilo Rindfleisch werden umgerechnet 13,3 Kilo CO_2 freigesetzt. Deshalb hinterlässt die Massentierhaltung einen so tiefen und negativen CO_2-Fußabdruck.

Fleischlos bedeutet Dreifach-Schutz

Wäre es also nicht besser, weniger Fleisch und mehr Pflanzen zu genießen? Auch aufgrund des Wissens, dass eine pflanzenbetonte Ernährung nicht nur ethischer und nachhaltiger, sondern auch gesünder ist? Studien zeigen, dass Menschen, die sich fleischlos ernähren, tendenziell gesünder sind als Allesesser.

Das hat zwar auch andere Gründe, etwa dass Gesundheitsinteressierte seltener rauchen, weniger Alkohol trinken und sich mehr bewegen. Dennoch liegt es eben auch am Vegetarismus: Wer einen Bogen um Fleisch macht, lebt nachweislich gesünder und leidet seltener unter Zivilisationskrankheiten wie beispielsweise unter Übergewicht, Diabetes und Herz-Kreislauf-Erkrankungen.

Die Vorteile einer fleischlosen Kost im Überblick

1. Wir nehmen weniger Arachidonsäure auf. Die ungesättigte Fettsäure steckt in Fleisch und fördert entzündliche Prozesse im Körper, die wiederum Erkrankungen wie eine Rheumatoide Arthritis befeuern.

2. Wir haben bessere LDL-Cholesterinwerte und seltener verengte, versteifte Adern, die das Risiko für Herzinfarkte und Schlaganfälle steigern.

3. Unser Organismus muss mit geringeren Mengen an Purinen fertigwerden. Diese organischen Verbindungen stecken auch in Fleisch und werden im Körper zu Harnsäure umgebaut. Bei zu großen Mengen können Purine als Kristalle in Gelenken und im Gewebe abgelagert werden, wenn man dazu veranlagt ist. Die Stoffwechselstörung Gicht kann zu solchen Ablagerungen führen.

4. Wir nehmen mehr Ballaststoffe zu uns durch mehr Gemüse, Hülsenfrüchte und Getreide. Vollkornprodukte liefern überwiegend unlösliche Fasern. Obst, Gemüse und Hülsenfrüchte sind gute Quellen für lösliche Ballaststoffe. Beide Gruppen sind für eine gesunde Ernährung wichtig.

So einfach funktioniert eine nachhaltige Ernährung

Entscheidend ist jedoch nicht nur, seinen Fleischkonsum zu überdenken und im Idealfall einzuschränken. Wichtig ist auch, seine Ernährung einem Nachhaltigkeits-Check zu unterziehen. Wie oft liegt eine Flug-Ananas aus Costa Rica auf meinem Teller und belastet mit ihrem CO_2-Fußabdruck mein Klima-Konto? Auch Bio-Tomaten sind im Winter alles andere als nachhaltig, da für die Wärme in den Gewächshäusern enorm viel Energie aufgewendet werden muss. Inzwischen gibt es vor allem in Europa Bemühungen, Gewächshäuser umweltschonender zu bewirtschaften. Etwa durch größere Glasflächen, die mehr Tageslicht durchlassen, und auch durch das Beheizen mittels Erdwärme oder Wärmepumpen, die durch Ökostrom betrieben werden. Die niederländische Regierung plant zum Beispiel, dass 2040 alle ansässigen Gewächshäuser klimaneutral sind. Dazu läuft an der Universität Wageningen ein Pilotprojekt namens Greenhouse 2030, für das eigens Gewächshäuser der Zukunft konstruiert werden.

Doch jeder von uns kann schon jetzt mit einer ressourcenschonenden Ernährung beginnen: Kaufen Sie in erster Linie saisonal, also Lebensmittel, die gerade Erntezeit haben oder als Lagerware zur Verfügung stehen. Und entscheiden Sie sich für den regionalen Einkauf, also für Erzeugnisse, die aus Ihrer Nähe kommen. Heißt konkret: Lieber den Apfel vom Bodensee als den aus Übersee. Noch mehr Tipps dazu finden Sie ab Seite 34.

Vegetarisch oder vegan?

Vegetarisch oder vegan zu essen ist gesund und nachhaltig. Worin unterscheiden sich aber die beiden Ernährungsweisen?

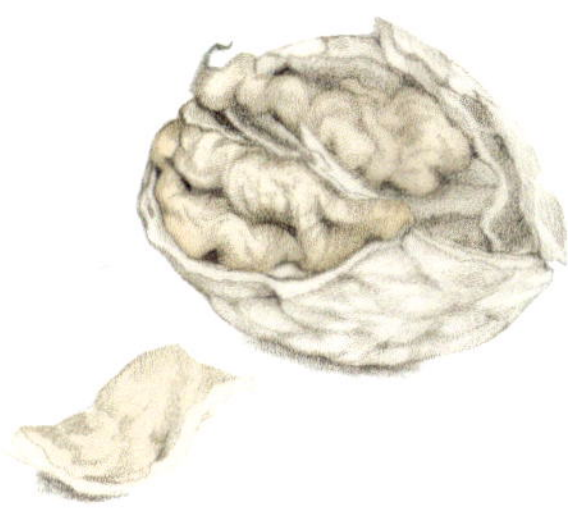

Noch nie ist die Zahl der vegetarisch oder vegan lebenden Menschen so rasant gestiegen wie in den letzten Jahren (siehe dazu auch Seite 8). Gründe dafür gibt es unzählige, zu den wichtigsten Motiven zählen der Gesundheitsaspekt, das Tierwohl und der Umweltschutz. Durch einen hohen Konsum von Fleisch, besonders aus der Massentierhaltung, schneiden wir uns buchstäblich ins eigene Fleisch. Denn die industrialisierte Züchtung und Schlachtung von Lebewesen ist …

- ethisch und moralisch zu verurteilen.
- für einen Großteil aller Treibhausgase verantwortlich. Genaue Berechnungen sind schwierig. So gehen die Vereinten Nationen von 14,5 Prozent aus, das Worldwatch Institute kommt dagegen auf von 51 Prozent.
- ungesund und fördert die Entstehung von Fettleibigkeit (Adipositas). Damit einhergehend steigt auch das Risiko von Zivilisationserkrankungen wie Herz-Kreislauf-Erkrankungen und Diabetes.
- der Grund, warum zunehmend natürlicher Lebensraum schwindet, der für den Anbau von Tierfutter und die Haltung von Nutztieren gebraucht wird. So wurden für die Sojaproduktion als Futtermittel bereits große Teile des Regenwaldes brandgerodet – und die Entwicklung hält an.

Vegetarisch oder vegan

Was ist der Unterschied?

Vegetarisch –

mehr als nur Obst und Gemüse

Verständlich, dass sich immer mehr Menschen entscheiden, vegetarisch zu leben. Der lateinische Begriff „vegetare“ beschreibt sehr genau, was hinter dieser Ernährungsweise steckt. Die Übersetzung bedeutet nämlich so viel wie: beleben und gesund halten. Vegetarier essen viel Obst und Gemüse, aber eben auch Produkte von lebenden Tieren, beispielsweise Milchprodukte und Eier – das sind dann die sogenannten Ovo-Lacto-Vegetarier. Was nicht auf ihren Tellern landet, sind Fleisch und Fisch. Manchmal allerdings wird beim Fisch eine Ausnahme gemacht (siehe Pescetarier ab Seite 42).

Vegan –

keine tierischen Produkte

Veganer ernähren sich nicht nur fleischlos, sie verzichten zusätzlich auf alle Erzeugnisse tierischen Ursprungs. Auch auf Produkte von Tieren wie Honig und häufig auch auf Rohstoffe wie Wolle oder Leder für die Herstellung von Textilien. Die Naturschutzorganisation WWF hat berechnet, dass in Deutschland die jährlich produzierten Treibhausgas-Emissionen von 210 Millionen Tonnen CO_2 um zwölf Prozent durch eine vegane Ernährung reduziert werden könnten.

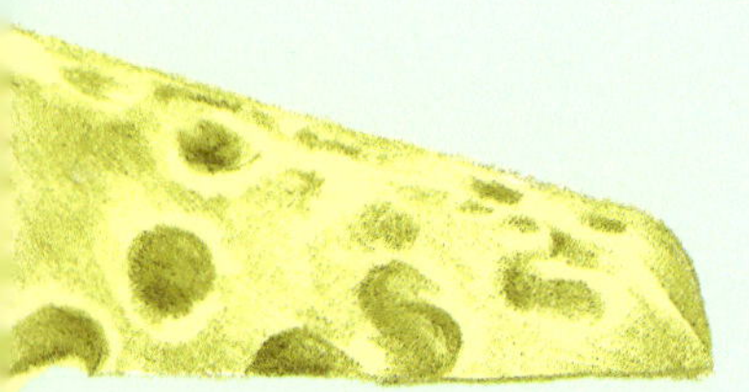

Vegetarisch tut gut, vegan auch?

Fast jedem Menschen kann man eine vegetarische Ernährung empfehlen. Eine vegane allerdings nicht allen.

Kein Fisch, keine Milchprodukte, keine Eier, nicht mal ein Klecks Honig schafft es in eine vegane Mahlzeit. Wer auf alles Tierische verzichten möchte, sollte ein paar Punkte beachten, um einen Nährstoffmangel zu verhindern. Die fünf wichtigsten Regeln.

1 Informieren und kontrollieren

Die Deutsche Gesellschaft für Ernährung (DGE) hat ihre Empfehlungen in den letzten Jahren zwar erheblich in Richtung vegetarische und vegane Ernährung verändert. Dennoch gibt es Bevölkerungsgruppen, denen die DGE ausdrücklich keine vegane Ernährung empfiehlt. Dazu zählen Babys, Kinder, Jugendliche, Schwangere, Stillende und hochbetagte Menschen.

Der Grund: Alle erwähnten Gruppen haben aufgrund ihrer Lebensumstände einen erhöhten Nährstoff- beziehungsweise Eiweißbedarf. Zudem sollten sich Interessierte grundsätzlich vor der Ernährungsumstellung auf vegan über kritische Nährstoffe (z.B. Folsäure, Vitamin D, Eisen, Vitamin B_{12}) erkundigen und ihre Blutwerte nach dem Wechsel regelmäßig in der hausärztlichen Praxis per Blutanalyse checken lassen, d.h. sie besprechen mit dem Arzt, ob und welche Werte kontrolliert werden sollten und wofür die Krankenkasse aufkommt.

2 Ausgewogen statt einseitig

Vegan heißt nicht automatisch gesund. Wer sich überwiegend von Pommes mit Ketchup, veganen Fertigpizzen oder Süßspeisen auf Pflanzenbasis ernährt, tut seiner Gesundheit keineswegs einen Gefallen. Diese Menschen werden übrigens gern *Pudding-Veganer* genannt. Entscheidend ist, wirklich eine ausgewogene Kost aus Gemüse und ausreichend Hülsenfrüchten und Getreide zu essen.

3 Gezielt ergänzen

Für den Organismus verwertbares Vitamin B_{12}, auch Cobalamin genannt, steckt in erster Linie in tierischen Produkten wie Kalbsleber, Miesmuscheln, Lachs, Rindfleisch, Hühnerei, Emmentaler Käse und Vollmilch. Es wird zu 50 bis 90 Prozent in der Leber gespeichert. Erwachsenen wird eine tägliche Zufuhr von drei Mikrogramm empfohlen. Ein Mangel fällt oft erst spät auf, wenn der Körper bereits kritisch unterversorgt ist. Dann kann es zu schweren gesundheitlichen Problemen kommen, da Cobalamin unter anderem wichtig für den Fett- und Folsäure-Stoffwechsel sowie für die Nervenzellen ist.
In der Schwangerschaft kann ein Mangel das Ungeborene schädigen oder eine Fehlgeburt begünstigen. Alle vegan lebenden Menschen sollten deshalb Vitamin B_{12} über spezielle Nahrungsergänzungsmittel zuführen. Hilfreich ist es, sich zur Darreichungsform und zur Zufuhr (täglich oder wöchentlich) beraten zu lassen, zum Beispiel in einer zertifizierten Ernährungsberatung, zumindest aber bei ihrem Hausarzt.

4 Kritisch sein und bleiben

Auch das Angebot von veganen Fertigprodukten hat sich in den vergangenen Jahren immens erhöht. Ob Alternativen zu Milchprodukten, Fleisch oder Fisch: Es gibt für alles eine vegane Variante. Verbraucher sollten jedoch genau auf die Nährwertangaben schauen. So manche Zutatenliste erinnert mehr an einen Chemiebaukasten als an ein natürliches Nahrungsmittel voller Pflanzenpower. Zudem sind diese sogenannten veganen Convenience-Produkte (Fertigprodukte oder -gerichte) nicht selten echte Zucker-, Salz- oder Fett-Bomben.

5 Beschwerden beachten und ernst nehmen

Müde, blass und antriebslos? Das können Zeichen eines Nährstoffmangels sein. Wer seine Ernährung auf vegan umstellt, sollte kurz- und langfristig auf sich und auf mögliche körperliche Veränderungen achten und sie auch ernst nehmen. Ein Arzt kann dann beispielsweise herausfinden, ob es sich um Mangelsymptome handelt infolge einer eisenmangelbedingten Blutarmut. Manchmal reichen auch kleine Veränderungen, etwa, mehr von bestimmten veganen Lebensmitteln oder hin und wieder Eier oder Fisch in Bio-Qualität zu essen, um sich wieder kerngesund zu fühlen.

Die Lösung veganer Ernährungsprobleme

Der Magen grummelt, das Gewicht steigt, die Laune ist im Keller: die Umgewöhnung braucht Zeit.

Die Umstellung auf eine pflanzenbasierte Kost ist auch für den Körper eine große Veränderung, an die er sich erst einmal gewöhnen muss. So lösen Sie typische vegane Herausforderungen.

Meine Verdauung spielt verrückt.

Das Problem: In Ihrem Darm ist nach dem Essen richtig was los. Dort grummelt und rumort es gewaltig und Sie haben auch mehr mit Blähungen zu tun als vor der Ernährungsumstellung.

Die Lösung: Die gute Nachricht zuerst: Offenbar essen Sie viel Gemüse und Vollkornprodukte – und das ist gut so! In der ersten Zeit und gerade wenn die genannten Lebensmittel vorher eher seltener verzehrt wurden, ist es nicht ungewöhnlich, dass Ihr Darm buchstäblich Gas bei der aufwendigeren Verdauung gibt. Wichtig ist, gut zu kauen und ausreichend zu trinken, am besten zwei Liter Wasser am Tag. Außer, Sie sind herz- oder nierenkrank, dann sollten Sie die Mengen ärztlich abklären lassen. Gut gekaut und verdünnt, hat ein Großteil der Verdauung bereits im Mund stattgefunden und der Nahrungsbrei kann leichter den Verdauungstrakt passieren. Verdauungsfördernde Gewürze wie Kümmel, Anis und Fenchel geben Gemüse nicht nur ein köstliches Aroma, sondern machen es auch bekömmlicher. Noch ein Tipp: Essen Sie Salate lieber zum Mittag und am Abend eher warme Speisen, zum Beispiel eine Gemüsesuppe oder einen Gemüseauflauf. Einige Menschen haben Schwierigkeiten, zu später Stunde noch Rohkost zu verdauen. Lösen sich die Probleme nicht in Luft auf, sollten Sie Ihre hausärztliche Praxis oder eine auf vegan spezialisierte Ernährungsberatung aufsuchen.

Ich bin nie richtig satt und habe schnell wieder Hunger.

Das Problem: Selbst nach einem deftigen Sellerie-Schnitzel mit Pommes knurrt nach kurzer Zeit schon wieder der Magen.

Die Lösung: Oft liegt es hier an der Zusammensetzung der Mahlzeiten. Grundsätzlich gilt, dass Sie etwa ein Gramm Eiweiß pro Kilogramm Körpergewicht zu sich nehmen sollten. Das gilt für jede Ernährungsform, auch für die vegane. So sind Sie ausreichend mit dem wichtigen Baustein Eiweiß versorgt und bleiben ganz nebenbei lange satt. Entsprechend sollten Sie dreimal am Tag eine ausreichende Menge veganer Proteinquellen zu sich nehmen (siehe Seite 25). Oft geht eine proteinarme Ernährung Hand in Hand mit einer kohlenhydratreichen Kost. Dazu sollten Sie wissen: Alle Carbs, so der englische Begriff für Kohlenhydrate, bestehen aus Zuckermolekülen und werden im Körper zu Glukose (Traubenzucker) aufgespalten. Für unseren Organismus entscheidend ist die Qualität der Kohlenhydrate. Einfache Carbs, zum Beispiel Süßigkeiten, weißer Reis, Brot und Nudeln aus Weißmehl, sorgen für einen heftigen Anstieg des Blutzuckerspiegels und in der Folge für eine verstärkte Ausschüttung von Insulin, um den Zucker in alle Körperzellen zu schleusen. Insulin gilt jedoch auch als Masthormon, das in zu großen Mengen Heißhungerattacken auslöst. Entscheidend ist deswegen, insgesamt weniger Carbs zu essen, und wenn, dann in komplexer Form. Gute Quellen sind stärke- und ballaststoffreiche Lebensmittel, wie Vollkornprodukte und Gemüse.

Mir fällt das Durchhalten so schwer.

Das Problem: Beim Anblick von Käse läuft Ihnen das Wasser im Mund zusammen. Und auch Ihre geliebte Milchschokolade vermissen Sie schmerzlich.

Die Lösung: Der Begriff ‚durchhalten‘ assoziiert, dass Sie etwas schaffen wollen oder müssen und auch versagen könnten. Das ist bei der veganen Ernährung aber nicht der Fall. Es geht nicht um gewinnen oder verlieren, um durchhalten oder scheitern. Nur Sie bestimmen die Regeln, niemand sonst. Dieses Umdenken verändert den Blick und entlastet oft. Nun haben Sie zwei Möglichkeiten: Sie schauen sich fleißig nach tollen veganen Alternativen für Ihre Leibspeisen um. Die gibt es mit großer Wahrscheinlichkeit sogar in diversen Varianten. Aber bitte nicht zu viele hochverarbeitete vegane Produkte essen. Günstiger für unsere Gesundheit ist es, möglichst oft zu frischen, möglichst unverarbeiteten Lebensmitteln zu greifen. Erkennbar an der fehlenden oder kurzen Zutatenliste. Aus Nachhaltigkeitsgründen sollten die Produkte im Idealfall noch saisonal und regional sein.
Sie können sich aber auch hauptsächlich vegan ernähren und ohne schlechtes Gewissen das essen, wonach Ihnen gerade ist. Das ist allemal besser, als aus Frust ein wirklich empfehlenswertes Ernährungsprojekt komplett abzubrechen.

Hilfe, ich werde immer dicker!

Das Problem: Vegan ist nicht automatisch gesund oder kalorienarm. Auch wer sich rein pflanzlich ernährt, kann zunehmen.

Die Lösung: Nun heißt es, auf Spurensuche zu gehen. Was liegt morgens, mittags und abends auf Ihrem Teller beziehungsweise Brettchen? Sind das häufig vegane Fertigprodukte, könnte der Fall schon gelöst sein. Denn in sogenanntem Convenience-Food, etwa veganen Salaten, Brotaufstrichen, Pizzen und Pastagerichten, stecken häufig viel Fett, Salz und Zucker. Gerade Letzterer treibt die Kalorienbilanz rasch in die Höhe, führt zu starken Blutzuckerschwankungen und Heißhunger. Und wie sieht es mit Ihrer Getränkeauswahl aus? Auch hier lauern oft große Mengen an verstecktem Zucker. Nehmen Sie mal eine Woche lang genau die Nährstoffangaben Ihrer Lieblingsprodukte unter die Lupe. Auch der Nutri-Score kann Ihnen dabei auf einen Blick helfen. Grün gekennzeichnete Produkte können Sie ohne Bedenken essen, bis Sie satt sind. Gelbe nur in Maßen, rote besser selten bis gar nicht. Ratsam ist zudem, sein Aktivitätslevel zu erhöhen. Gehen Sie jeden Tag eine große Runde stramm spazieren oder erledigen Sie mehr mit dem Fahrrad.

Seit ich vegan esse, fühle ich mich schlapp.

Das Problem: Seit Ihrer Umstellung haben Sie das Gefühl, weniger Energie zu haben.

Die Lösung: Unter zwei Voraussetzungen ist ein Vitamin- oder Mineralstoffmangel eher unwahrscheinlich.

Erstens: Ihr Essen ist täglich kunterbunt und abwechslungsreich. Entsprechend finden sich auf Ihrem Teller jeden Tag Gemüse, Vollkorngetreide, Obst und Hülsenfrüchte.

Zweitens: Sie substituieren ausreichend Vitamin B_{12}, auch Cobalamin genannt. Da es in erster Linie in tierischen Lebensmitteln wie Leber, Fisch oder Milchprodukten steckt, könnte bei Veganern ein Vitamin-B_{12}-Mangel unterschiedliche körperliche Beschwerden nach sich ziehen. Deswegen sollte es – je nach Alter und Darreichungsform – penibel ergänzt werden. Die DGE empfiehlt Jugendlichen und Erwachsenen 4,0 Mikrogramm am Tag, Schwangeren 4,5 und Stillenden 5,5 Mikrogramm am Tag.

Wann zum Arzt

Sollten die Beschwerden anhalten, konsultieren Sie bitte Ihre Hausärztin oder Ihren Hausarzt. Eine Blutanalyse kann Aufschluss über mögliche Nährstoffmängel geben. Tritt auch dann keine Besserung ein, sollten Sie darüber nachdenken, hin und wieder tierische Produkte auf Ihren Speiseplan zu setzen.

Flexibel statt militant

Nie mehr ein Ei oder ein Stück Käse? Entspannen Sie sich: Ernährung sollte keine Ersatzreligion werden.

Alles kann, nichts muss. Wer sich beim Essen an dieses Motto hält, lebt deutlich entspannter. Auch ein Mix aus veschiedenen Ernährungsformen ist vollkommen in Ordnung. Jeden Tag treffen wir zahllose Entscheidungen, und das ist manchmal ganz schön anstrengend! Bleiben Sie bei Ihrer Ernährung einfach flexibel, denn das „entstresst" und macht vieles einfacher. Etwa wenn auf der Fahrt in den Urlaub oder beim nachbarschaftlichen Grillfest das Angebot an veganen Speisen etwas dürftig ist. Und wer hat außerdem schon ständig Lust, die Gastgeber akribisch nach jeder einzelnen Zutat zu fragen und diese auf ihren tierischen Gehalt zu überprüfen? Das wird schnell für alle anstrengend.

Hin und wieder möchten Sie vielleicht auch ein Gericht genießen, das möglicherweise nicht 100 Prozent vegan ist. Die Lösung: Tun Sie es! Wem gegenüber sind Sie Rechenschaft schuldig? Maximal sich selbst. Denn aus gesundheitlicher und ökologischer Sicht machen Sie es auch mit einem Ernährungs-Mix richtig. Wie in vielen anderen Dingen gilt auch hier: Die Menge macht das Gift. Essen Sie also die meiste Zeit pflanzenbasiert und wählen nur noch ganz selten Fleisch oder Fisch, tun Sie Ihrem Körper etwas Gutes und der Umwelt ebenfalls. Manchmal genügt es bestimmt schon, auf die vegetarische Variante umzuschwenken. Kasteien Sie sich nicht, essen Sie mit Lust und Freude.

Von Vegganern, Flexis und Pescetariern

Sogenannte Vegganer ernähren sich tierfrei mit einer Ausnahme – sie essen Eier. Daher stammt auch die Dopplung des Buchstabens „g", die sich vom englischen „egg" ableitet. Ernährungswissenschaftlich kann es sinnvoll sein, weiterhin Eier zu essen, da sie eine hochwertige Proteinquelle sind. Zudem machen sie schnell und lange satt, was sich positiv auf den Blutzuckerspiegel auswirkt. Ovo-Lacto-Vegetarier konsumieren neben Eiern zusätzlich noch Milchprodukte. Flexitarier essen vegetarisch, aber hin und wieder auch Fleisch.
Pescetarier wiederum verzichten zwar auf Fleisch, jedoch nicht auf Fisch (für Pescetarier haben wir deshalb im Rezeptteil auch zwei Fischrezepte ausgesucht, siehe dazu auch Seite 42). Für welche Form Sie sich auch entscheiden: Behalten Sie die Freude am Essen, denn Ernährung soll Körper und Geist nähren und nicht stressen. Auf der folgenden Seite finden Sie exemplarisch einen Wochenplan, wie Sie ganz entspannt vegan und vegetarisch schlemmen können.

Auch mal ein Stück Biofleisch ist okay!

Und selbst wenn Sie hin und wieder eine unbändige Lust auf ein kleines Steak haben: Kasteien Sie sich nicht! Aber treffen Sie die richtige Wahl. Und die lautet: Biofleisch aus Weidehaltung. Es schmeckt nicht nur besser und ist durch seinen höheren Gehalt an Omega-3-Fettsäuren gesünder – was wir oft vergessen: Natürlich zählt Fleisch aus Massentierhaltung zu den Haupttreibern der CO_2- und Methan-Emissionen. Nachhaltig bewirtschaftete Weiden, auf denen Tiere grasen, tragen jedoch dazu bei, den CO_2-Gehalt zu senken. Denn dort bilden Pflanzen tiefere Wurzeln, was die Bodenfruchtbarkeit erhöht. Die Folge: Die Wiese kann mehr überschüssigen Kohlenstoff aus der Atmosphäre aufnehmen und einlagern. Entsprechend darf es auch ruhig einmal pro Woche ein Stück Biofleisch aus Weidehaltung sein.

Eine Woche fleischfrei, bitte!

2 Tage vegan
5 Tage vegetarisch

Vielleicht haben Sie inzwischen schon Lust bekommen, Ihren Speiseplan langsam auf „fleischfrei" umzustellen? Dann nichts wie ran an den Herd. Damit Ihnen der Einstieg leichter fällt, haben wir für Sie beispielhaft einen Wochenplan zusammengestellt mit köstlichen vegetarischen und veganen Rezepten, die auch satt machen. Sie werden sehen, hin und wieder kein Fleisch auf dem Teller zu haben, bedeutet keinen Verlust.
Ganz im Gegenteil: Die frischen saisonalen Zutaten werden Ihnen und Ihrem Wohlbefinden gut tun. Noch mehr fleischfreie Anregungen zum Nachkochen finden Sie im großen Rezeptteil ab Seite 50.

Montag

Mittag: Orzo-Salat mit Tomaten und Spargel
siehe Seite 60

Abend: Auberginen-Lasagne mit Cashewcreme
siehe Seite 92

Dienstag

Mittag: Weißer Spargel mit Wildkräutersalat
siehe Seite 62

Abend: Spinat-Pfannkuchen mit Spiegeleiern
siehe Seite 70

Mittwoch

Vegan

Mittag: Süßkartoffel-Chili-Curry mit Brokkoli
siehe Seite 120

Abend: Risotto vom Kohlrabi mit Petersilie
siehe Seite 74

Donnerstag

Mittag: Gegrillte Karotten mit Farro
siehe Seite 76

Abend: Bohnen-Zucchini-Quiche
siehe Seite 102

Freitag

Vegan

Mittag: Sommergartensalat mit Beeren und Nektarine
siehe Seite 82

Abend: Vollkornspaghetti mit Bärlauch und Pistazien
siehe Seite 71

Samstag

Mittag: Gurken-Joghurt-Suppe mit Dill und Mandeln
siehe Seite 87

Abend: Flammkuchen mit Rhabarber und Mangold
siehe Seite 68

Sonntag

Mittag: Minestrone mit Zartweizen
siehe Seite 56

Abend: Frischkäsetorte mit Gurken
siehe Seite 78

Fleischfreie Eiweißquellen

Die bekanntesten Eiweißlieferanten sind Fleisch und tierische Produkte. Doch auch Pflanzen haben es in sich.

Neben Fett und Kohlenhydraten zählen Proteine zu den wichtigsten Hauptnährstoffen, die unseren Körper lang anhaltend mit Energie versorgen. Proteine erfüllen zahlreiche Aufgaben im Organismus. Sie sind zum Beispiel als Aminosäuren am Aufbau von Muskeln, Enzymen und Hormonen beteiligt sowie an vielen Stoffwechselvorgängen.
Die Deutsche Gesellschaft für Ernährung empfiehlt Erwachsenen eine tägliche Proteinzufuhr von 0,8 Gramm pro Kilogramm Körpergewicht. Um unseren Bedarf zu decken, brauchen wir nicht unbedingt Fleisch. Neben Milchprodukten und Eiern sind auch Pflanzen wertvolle Eiweißlieferanten.

Tendenziell essen wir zu viele Kohlenhydrate und zu wenig Eiweiß. Dabei haben Proteine zwei große Vorteile für unsere Gesundheit: Sie sättigen lange und sorgen für einen konstanten Blutzuckerspiegel und damit für weniger Heißhungerattacken.

Liegen täglich ausreichend pflanzliche Proteinlieferanten auf dem Teller, ist Ihr täglicher Bedarf an Protein gedeckt. Allerdings kann der Körper pflanzliches Eiweiß schlechter verwerten als tierisches.
Doch auch hier gibt es einen einfachen Trick: Um die biologische Wertigkeit, also die Verfügbarkeit von pflanzlichem Eiweiß für unseren Organismus zu steigern, sollten Sie Hülsenfrüchte und Getreide kombinieren! Der Grund: Nur gemeinsam enthalten beide Gruppen eine ideale Mischung der Aminosäuren Methionin und Lysin, die dann optimal von unserem Körper verwertet werden können. Prima sind zum Beispiel veganes Chili-sin-Carne mit Bohnen und Mais. Oder Eintöpfe und Suppen, die Zutaten aus beiden Gruppen enthalten, etwa Erbsen, Linsen und Reis oder Dinkel.

Die besten vegetarischen und veganen Alternativen für …

Fleisch

Vegetarisch: Käse, etwa in Form von Nuggets, Schnitzeln oder Burger-Patties, bietet fleischfreien Genuss, ohne aufs Lieblingsgericht verzichten zu müssen. Pescetarier können natürlich auch alternativ eine Fischfrikadelle genießen.
Vegan: Fleischersatz gibt es in den gleichen Darreichungsformen wie herkömmliches Fleisch, also beispielsweise als Hackfleisch-Ersatz, Schnitzel oder Aufschnitt. Auch bei den Zutaten haben Verbraucher inzwischen die große Auswahl. Wer kein Soja mag oder essen möchte, kann auch zu Produkten greifen, die auf Seitan, Gemüse, Hülsenfrüchten (z. B. Linsen, Lupinen und Erbsen) oder Getreide (Grünkern, Haferflocken) basieren.

Kuhmilch-Produkte

Vegetarisch: Milch, Käse, Joghurt, Butter und Quark sind für Vegetarier gute Sattmacher und Kalziumlieferanten. Wer keine Kuhmilch zu sich nehmen möchte, kann zu Produkten von Schafen und Ziegen greifen. Entscheidend ist, beim Kauf auf Bio-Qualität und Tierwohl zu achten.
Vegan: Kuhmilch lässt sich ohne geschmackliche Verluste durch Pflanzendrinks ersetzen. Diese werden etwa aus Hafer, Dinkel, Soja, Hanf, Mandeln oder Reis hergestellt.

Greifen Sie außerdem zu Pflanzenfett und -ölen aus biologischem Anbau.

Joghurt und Quark schmecken auch auf Basis von Kokos, Soja oder Seidentofu. Vegane Käsesorten werden mittlerweile aus Ölen, Stärke und Nüssen hergestellt.

Eier

Vegetarisch: Eier sind für viele Vegetarier ein wichtiges Nahrungsmittel. Zu Recht: Eier liefern wertvolles und schnell sättigendes Protein und sind extrem vielseitig. Auch in vielen Fleisch-Ersatzprodukten stecken Eier. Wer auf Nachhaltigkeit und Tierschutz achten möchte, entscheidet sich für Bio-Eier, am besten in Demeter-Qualität. Siegel und Aufdrucke wie „Respeggt - Ohne Kükentöten", „Aus Hähnchenhaltung" oder „Bruder Hahn" garantieren, dass bei der Eier-Erzeugung keine männlichen Küken getötet werden.
Vegan: Wer pflanzenbetont isst, aber den Genuss von Eiern okay findet, wird als Vegganer (englisch: egg für Ei) bezeichnet. Doch es geht auch komplett ohne in der Küche, zum Beispiel durch Ei-Ersatzpulver aus dem Reformhaus. Dies wird einfach mit Wasser angerührt und hat einen ähnlichen Geschmack, eine ähnliche Konsistenz und ein ähnliches Bindungsverhalten beim Kochen und Backen. Auch mit Wasser kräftig aufgeschlagenes Mehl oder Leinsamenschrot wird in der veganen Küche oft als Ei-Ersatz benutzt.

Den Kalziumbedarf decken

Alles Quark? Nicht nur Milchprodukte enthalten viel Kalzium.

Denken wir an den wichtigen Mineralstoff Kalzium, fallen uns sofort Joghurt & Co. ein. Der Mineralstoff ist zusammen mit Phosphat der entscheidende Baustein für starke Knochen und Zähne. Mindestens ein Kilogramm (!) davon lagern wir im Körper ab, den Großteil davon im Skelett. Im Blut ist eine konstante Kalziumkonzentration ebenfalls wichtig. Ein länger anhaltender Mangel, etwa durch Nierenerkrankungen oder Hormonstörungen, kann zu schweren gesundheitlichen Beschwerden führen. Doch Kalzium steckt nicht nur in Milchprodukten, es gibt auch tolle vegetarische und vegane Quellen. Im Handel werden etwa bestimmte Mineralwasser-Sorten angeboten, denen Kalzium zugesetzt ist. Pro Liter können sie bis zu 654 Milligramm des Nährstoffs enthalten. Ein Überblick:

Die 5 besten Kalzium-Lieferanten

vegetarisch
Hartkäse: 1176 mg/100 g
Emmentaler: 1372 mg/100 g
Camembert, 30 % Fett: 600 mg/100 g
Milch, 3,5 % Fett: 120 mg/100 g
Naturjoghurt: 120 mg/100 g

vegan
Sesam: 700 mg/100 g
Grünkohl: 212 mg/100 g
Spinat: 117 g/100 g
Bohnen: 113 mg/100 g
Kohlrabi: 68 mg/100 g

Die besten vegetarischen Eiweißquellen

Ei

Das Eiweiß aus Eiern gilt aus Ernährungssicht als das hochwertigste Eiweiß, da es für unseren Körper so in der optimalen Form zur Verfügung steht. Ein Ei liefert 13 g Eiweiß sowie A-, D-, E-, K- und B-Vitamine sowie Kalzium und Eisen.

Hartkäse

Ein schmackhafter Hartkäse (wie Montello oder alter Gouda mit mikrobiellem Lab) enthält stolze 35,6 g Protein (Parmesan enthält dagegen tierisches Lab). Durch die lange Reifungszeit enthält Hartkäse kaum oder gar keine Laktose mehr – gut bei Laktoseintoleranz.

Harzer Käse

Wer den kleinen Stinker mag, wird mit 29 g Eiweiß belohnt. Deshalb lieben auch viele sportliche Menschen die runden Brocken. Mit nur 0,5 g Fett pro 100 g ist die Käsespezialität dazu noch ein echtes Leichtgewicht.

Speisequark

Er sättigt schnell und lange und in der fettarmen Variante mit nur wenigen Kalorien. Zu verdanken haben wir das den 12,5 g Protein im Quark. Hinzu kommen viel vom Knochenbaustein Kalzium und wichtige B-Vitamine.

Vollmilch

Eine mögliche Eiweißquelle stellt für Vegetarierinnen auch Milch dar. In 100 Milliliter stecken 3,5 g Proteine, der Kalziumgehalt liegt bei 120 mg. Ein hoher Milchkonsum ist jedoch umstritten und erhöht nachweislich das Prostata-Krebsrisiko.

Speisequark

Er sättigt schnell und lange und in der fettarmen Variante mit nur wenigen Kalorien. Zu verdanken haben wir das den 12,5 g Protein im Quark. Hinzu kommt viel vom Knochenbaustein Kalzium und wichtige B-Vitamine.

Naturjoghurt

Fettarm und cremig gerührt, ist Naturjoghurt mit 5,4 g Protein ein idealer Snack. Ein weiteres Plus sind die enthaltenen Milchsäurebakterien, die eine Wellnesskur für Ihren Darm sind.

Frischkäse

In der körnigen, fettreduzierten Variante beeindrucken 100 g Frischkäse mit 13,2 g Protein! Punkten kann Frischkäse auch durch seine Vielseitigkeit. Er schmeckt mit frischem Obst genauso gut wie mit pikanten Gewürzen und Gemüsesticks.

Fetakäse

Nicht nur die Griechen schwärmen für ihn – und das zu Recht! Der Salzlakenkäse aus Schafsmilch (es gibt ihn auch mit mikrobiellem Lab) ist mit 19 g pro 100 g eine echte Proteinbombe. Auch vom Knochenbaustoff Kalzium steckt eine Menge drin wie auch A-, C- und B-Vitamine.

Die besten veganen Eiweißquellen

Sojaflocken
Gold für Sojaflocken. Die kleinen Multitalente lassen sich sehr variabel in der veganen Küche einsetzen, etwa in süßen Speisen wie Müsli, aber auch als Hackfleischersatz für herzhafte Mahlzeiten wie Frikadellen. Mit 41 g Eiweiß sind sie echte Sattmacher.

Erdnüsse
26 g pflanzliches Eiweiß haben Erdnüsse zu bieten. Durch ihren hohen Gehalt an ungesättigten Fettsäuren sowie wertvollen Nährstoffen wie Kalium und Natrium sind Erdnüsse eine gute Wahl. Allerdings nur in der natürlichen Form und nicht gesalzen.

Kürbiskerne
Platz 2 für die dunkelgrünen Samen. Sie bestehen zu 35,5 g aus Protein und stecken zusätzlich voller wertvoller Nährstoffe. Allen voran: Magnesium, Eisen und Zink sowie Vitamin C, D und E sowie B-Vitamine.

Seitan
In Japan wird das Produkt aus Weizeneiweiß schon lange als Fleischersatz genutzt. Auch wegen seines Eiweißgehalts von 28 g. Geschmack erhält Seitan erst durchs Marinieren und Würzen. Für Menschen mit Zöliakie oder einer Glutenunverträglichkeit ist Seitan ungeeignet.

Tempeh
Durch einen aufwendigen Fermentationsprozess ganzer Sojabohnen entsteht Tempeh. Knapp ein Fünftel, genauer 19 g, der nussigen Fleischalternative besteht aus pflanzlichem Eiweiß. Hinzu kommen B-Vitamine und Eisen.

Leinsamen
Die Mini-Körnchen liefern 18 g Eiweiß sowie nützliche Ballaststoffe, die die Verdauung optimieren. Ihr nussiges Aroma peppt Desserts auf, gleichzeitig sind Leinsamen eine gute Backzutat, zum Beispiel für Brot.

Tofu
Aus verarbeiteter Sojamilch entsteht Tofu und liefert bis zu 14 g pflanzliches Eiweiß. Tofu hat eine feste Konsistenz und schmeckt wie auch Seitan neutral. Geschmack erhalten beide erst durch Gewürze und Kräuter. A propos Nachhaltigkeit: Es gibt auch Tofu aus Deutschland.

Mandeln
Pur, gehackt oder gemahlen: Wer Mandeln vertragen kann, sollte sie fleißig verspeisen. Denn das Steinobst, dazu gehören Mandeln botanisch, zählt mit 29,1 g pro 100 g zu den besten proteinreichen Snacks.

Haferflocken
Wie Hanf erleben auch Haferflocken schon seit geraumer Zeit ein Revival, unter anderem als Frühstücksvariante Porridge. Ob kernig oder zart, die Flocken sind mit 13,5 g eine gute pflanzliche Proteinquelle und ein Top-Kohlenhydrat-Lieferant.

Die Nährstoffbooster

Kichererbsen, Haselnüsse oder Sesam zählen zu den Top-Lieferanten vieler Nährstoffe.

Samen, Saaten, Kerne und Nüsse sind stark in ihrer Wirkung und gleichzeitig kleine Sensibelchen (besonders, wenn sie geschält und/oder gemahlen sind). Bei falscher, also warmer und feuchter Lagerung, sind sie anfällig für gesundheitsschädigende Schimmelpilze. Zudem werden sie leicht ranzig. Verwenden Sie Samen & Co. deswegen immer rasch und lagern Sie diese dunkel, kühl und luftdicht.

Saaten

Klein, aber oho! Saaten, Samen und Kerne sind wahre Kraftpakete! Logisch, denn sie tragen theoretisch die geballte Energie in sich, um neues Leben in Form einer kompletten Pflanze entstehen lassen zu können. Ernährungsbewusste Menschen sollten sich die Winzlinge zunutze machen! Denn sie schmecken nicht nur köstlich, sondern tragen auch maßgeblich zu einer gesunden Versorgung mit Mineralstoffen bei. Neben Vitamin E sowie B-Vitaminen finden wir in ihnen: Kalium, Magnesium, Phosphor, Zink, Kupfer, Eisen und Mangan. Zudem liefern Samen und Saaten einfache und mehrfach ungesättigte Fettsäuren sowie komplexe Kohlenhydrate und Eiweiß. Besonders die Letztgenannten sind für Vegetarier und Veganer wichtig. Langkettige Kohlenhydrate und Proteine sorgen für einen konstanten Blutzuckerspiegel und für lange Sättigung.
Zu den beliebtesten Saaten, Samen und Kernen zählen:

- Leinsamen
- Hanfsamen
- Sesam
- Kürbiskerne
- Sonnenblumenkerne

Nüsse

Sie galten lange als Dickmacher und verschwanden deshalb aus so mancher Speisekammer. Doch mittlerweile ist klar: Ihre Vorteile überwiegen die kalorischen Nachteile um Längen. Richtig ist, dass Nüsse einen hohen Fettanteil besitzen, er kann zwischen 50 und 70 Prozent liegen. Entsprechend schlagen sie mit durchschnittlichen 500 Kalorien pro 100 Gramm kräftig zu Buche. Dennoch machen Nüsse nicht fett, sondern fit, weil sie ein sehr gutes Verhältnis zwischen Omega-6- und Omega-3-Fettsäuren vorweisen. Besonders Omega-3-Fettsäuren, von denen wir eher zu wenig aufnehmen, sind wahre Gesundheitswächter: Sie hemmen entzündliche Prozesse im Körper und haben positive Effekte auf Cholesterinspiegel, Immunsystem und unsere Laune.

Eine tägliche Ration von 20 Gramm Nüssen senkt laut Studien das Risiko für Herz-Kreislauf-Erkrankungen, Krebs sowie Diabetes Typ 2. Und eine im Fachmagazin *European Journal of Epidemiology* veröffentlichte Studie weist sogar einen positiven Zusammenhang zwischen einer nussreichen Ernährung in der Schwangerschaft und der Gehirnentwicklung von Babys nach. Kinder, deren Mütter konsequent mindestens einmal pro Woche eine Handvoll naturbelassene Nüsse gegessen hatten, schnitten in kognitiven Tests am besten ab.

Genießen Sie daher ruhig regelmäßig den knackigen Snack. Natürlich nicht als geröstete und gesalzene Kalorienbombe, sondern am besten frisch und ungeschält. Der Aufwand des Öffnens und der Berg

Schalen werden Sie auch automatisch vor einer hemmungslosen Schlemmerei bewahren. Zu den beliebtesten Nüssen (auch wenn nicht jede, botanisch gesehen, eine ist) zählen:

- Walnüsse
- Haselnüsse
- Erdnüsse (sind eigentlich Hülsenfrüchte)
- Mandeln (zählen botanisch zum Steinobst)
- Pekan- und Paranüsse

Hülsenfrüchte

Sie machen Huhn, Schwein und Rind immer größere Konkurrenz. Ob als Linsenbolognese oder Bohnen-Burger: Hülsenfrüchte avancieren zu den Stars in der vegetarischen und veganen Küche - und das vollkommen zu Recht.

Auch in puncto Eiweißgehalt brauchen sich Linsen & Co. nicht mehr hinter Fleisch zu verstecken. Vor allem Lupinen und Sojabohnen ziehen mit ihren 36 Gramm Eiweiß pro 100 Gramm sogar locker an jeder tierischen Variante vorbei. Kritische Stimmen weisen dann häufig auf die biologische Wertigkeit hin, also die Verfügbarkeit pflanzlicher Proteine für den menschlichen Körper. Diese ist bei Pflanzeneiweiß tatsächlich etwas reduziert, kann aber durch einen einfachen Trick optimiert werden: Kombinieren Sie Hülsenfrüchte mit Getreide! So kann unser Organismus mehr von den pflanzlichen Proteinen verwerten.

Neben Eiweiß haben Erbsen, Bohnen und Linsen dazu noch komplexe Kohlenhydrate zu bieten, die starke Blutzuckerschwankungen verhindern und damit Heißhungerattacken. Deshalb sind Hülsenfrüchte auch für Menschen mit Diabetes geeignet. Die enthaltenen Vitamine, Mineralstoffe und Spurenelemente tragen zu einer guten Versorgung des Körpers bei.

Zwei weitere Inhaltsstoffe verdienen eine besondere Erwähnung: Hülsenfrüchte enthalten viele Ballaststoffe, meist in Form von resistenter Stärke. Diese trägt nicht nur zu einer lang anhaltenden Sättigung bei, da sie nur langsam vom Körper verstoffwechselt wird. Sie gelangt auch unverdaut in den Dickdarm und dient dort als Futter für unsere nützlichen Darmbakterien. Während des Zersetzungsprozesses entsteht eine

Nüsse und Hülsenfrüchte – beste Nährstofflieferanten

Pro 100 Gramm	Kalorien	Protein	KH	Ballaststoffe	Gesundheits+
Haselnüsse	644 kcal	12 g	10,5 g	8,2, g	Vitamin E, C, K, Mg
Walnüsse	696 kcal	15,3 g	6,3 g	6,2 g	Vitamin C, K, Mg
Erdnüsse	567 kcal	26 g	16 g	9 g	Vitamin E, K, Mg
Paranüsse	697 kcal	16,9 g	2,7 g	9,9 g	Vitamin E, C, K, Mg
Rote Linsen	378 kcal	25 g	59 g	11 g	B-Vitamine
Kichererbsen	128 kcal	9 g	15 g	4 g	Vitamin C & E
Weiße Bohnen	100 kcal	6,6 g	11 g	6,7 g	Vitamin C
Kidneybohnen	103 kcal	9 g	11 g	9 g	Vitamin C Mg K, Fe
Lupinen	111 kcal	9,8 g	8,2 g	2,8 g	Vitamin C
Sojabohnen	149 kcal	11,9 g	10,4 g	3 g	Vitamin C, Fe, K, Mg

wertvolle Fettsäure: Butyrat, auch Buttersäure genannt. Sie hat unterschiedliche positive Effekte auf unseren Körper und bremst möglicherweise entzündliche Erkrankungen wie etwa eine Arthritis.

Auch unter dem Nachhaltigkeitsaspekt sind Hülsenfrüchte großartig. Viele Sorten können regional angebaut werden und ziehen sich ihren Dünger einfach aus der Luft. Zudem verbessern sie sogar die Fruchtbarkeit des Bodens. Zu den beliebtesten Hülsenfrüchten zählen:

- Bohnen
- Linsen
- Erbsen
- Kichererbsen
- Lupinen
- Sojabohnen

Aus der Region: die erste Wahl!

Viele heimische Obst- und Gemüsesorten sind ganzjährig frisch oder als Lagerware erhältlich.

Ein Blick aufs Etikett lohnt sich, um zu erfahren, woher Gemüse, Obst oder andere Lebensmittel stammen. Kurze Transportwege sorgen für eine bessere Ökobilanz. Je weniger Kühlmittel, Sprit oder aufwendige Lagerungsverfahren notwendig sind, umso besser. Die folgenden zehn Lebensmittel punkten mit Regionalität und Saisonalität. Auf Seite 32 finden Sie außerdem einen großen Saisonkalender.

1 Apfel

Er ist das Symbol fürs Paradies und wurde tatsächlich schon von den Römern angebaut: der Apfel. Weltweit gibt es nach Schätzungen über 20.000 Sorten (!), in Deutschland sind mengenmäßig nur zirka 20 Sorten von Bedeutung und in den Obst- und Gemüseabteilungen erhältlich. Der alte Spruch „An apple a day keeps the doctor away“ fasst die vielen Pluspunkte der Frucht zusammen: Äpfel sind kalorienarm und nährstoffreich (Kalium, Kalzium, Vitamin C, E und B-Vitamine sowie Folsäure). Insbesondere seine Pektine, also unverdaulichen Ballaststoffe quellen im Darm auf, machen lange satt und lassen den Blutzuckerspiegel nur langsam ansteigen. Ein Plus stellen auch die sekundären Pflanzenstoffe, die sogenannten Polyphenole dar. Sie wirken sich positiv auf den Blutdruck aus und bekämpfen stille Entzündungen im Körper. Mittlerweile sind Äpfel allerdings sehr süß gezüchtet: Bevorzugen Sie deshalb saure Sorten, denn Fruchtzucker ist in größeren Mengen ungesund.

2 Beeren

Sommerzeit ist Beerenzeit. Ob Brombeeren, Heidelbeeren, Himbeeren, Blaubeeren, Johannisbeeren oder Stachelbeeren: Sie punkten mit einem niedrigen glykämischen Index, der starke Blutzuckerschwankungen vermeidet, und viel Vitamin C, das unser Immunsystem stärkt. Vitamin C gilt auch als wichtiger Baustoff für das Binde- und Stützgewebe, es fördert die Eisenaufnahme aus dem Darm ins Blut und ist an der Bildung von Hormonen beteiligt. Als Antioxidans schützt Ascorbinsäure, so der andere Name für Vitamin C, die Zellen zudem vor Stress durch Umweltbelastungen, UV-Strahlen und Zellgifte wie Nikotin. Auch Gemüsesorten wie Paprika, Brokkoli, Rosenkohl und Tomaten enthalten viel Vitamin C. Da das Vitamin sehr licht- und hitzeempfindlich ist, Obst und Gemüse möglichst frisch und unverarbeitet essen.

3 Nüsse

Mehr Nuss-Genuss! Dafür plädiert mittlerweile die Ernährungswissenschaft weltweit. Denn trotz vieler Kalorien aufgrund des hohen Fettgehalts überwiegen die guten Eigenschaften von Wal-, Hasel- und Macadamianüssen (siehe dazu auch Seite 26 „Die Nährstoffbooster“). Studien zeigen, dass sich ein regelmäßiger Verzehr von Nüssen positiv auf die Blutfettwerte auswirkt und der hohe Anteil an Omega-3-Fettsäuren – das betrifft vor allem Walnüsse – das Risiko für entzündliche Erkrankungen wie etwa eine Gefäßverkalkung (Arteriosklerose) oder Rheuma senkt. 25 Gramm pro Tag, das entspricht einer Handvoll, liefern zudem wertvolle Ballaststoffe für die Verdauung, Eisen und B-Vitamine.

4 Sauerkraut

Wird Weißkohl durch Milchsäuregärung konserviert, entsteht Sauerkraut. Genau diese Bakterien sorgen für eine gute Darmflora, auch Mikrobiom genannt. Dies gilt als optimal besiedelt, wenn sich dort viele Milchsäure- und Bifidobakterien tummeln und wenig „schlechte“ Bakterien, zu denen zum Beispiel Kolibakterien zählen. Gemeinsam mit den enthaltenen Ballaststoffen bringen sie das Darm-Mikrobiom auf Trab. Sauerkrautsaft wirkt daher bei vielen Menschen verdauungsfördernd und sogar leicht abführend.
Der Vitamin-C-Gehalt liegt zwar deutlich unter dem von Zitrusfrüchten, trotzdem trägt Sauerkraut zur Deckung des täglichen Bedarfs bei. Mit nur 19 Kalorien je 100 Gramm ist das Kraut sehr kalorienarm.

5 Spinat

Auch wenn die Eisenwerte nicht ganz so hoch sind wie früher angenommen, können sie sich mit 3,4 Gramm je 100 Gramm durchaus sehen lassen. Zudem liefert Spinat Vitamin C, Folsäure und Kalium, das unter anderem eine wichtige Rolle bei der Übertragung von Impulsen an Muskeln und Nerven spielt. Junge Spinatblätter schmecken im Salat. Auch als Tiefkühlware ist das Blattgemüse vielfältig ein-

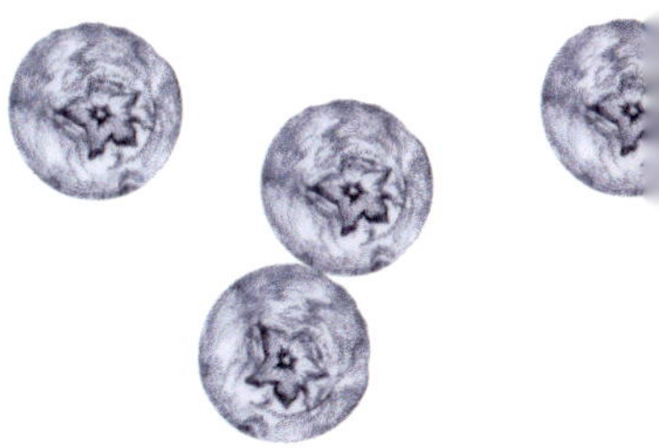

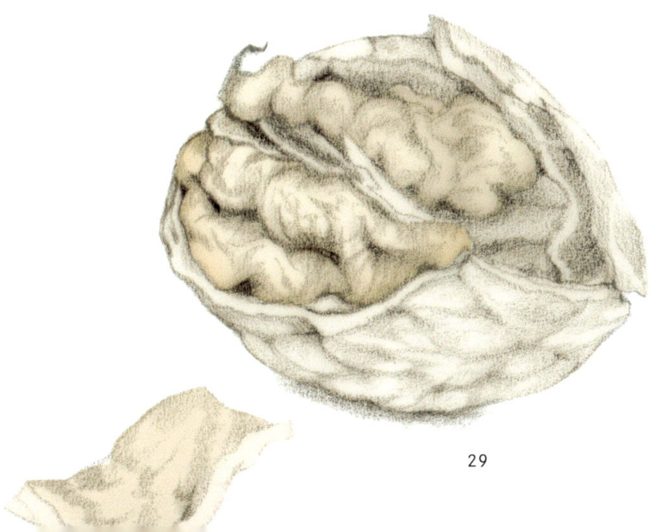

setzbar. Pur zu Kartoffeln und Spiegelei oder auch in Aufläufen, Quiches und als vegetarische Füllung in Kohlrouladen, Lasagne oder Ravioli. Kinder und Säuglinge sollten wegen des enthaltenen Nitrats keinen aufgewärmten Spinat bekommen. Erwachsene essen Spinat am besten auch nur einmal aufgewärmt und lassen das Gemüse vorher rasch abkühlen.

6 Porree

Die grün-weißen Stangen sind nicht nur hübsch und lecker, sondern auch gesund. Sie enthalten Eisen, das für die Energiegewinnung in der Zelle wichtig ist, Kalium und Vitamin C, das unsere Stoffwechselprozesse fleißig unterstützt. Lauch verfeinert durch seinen intensiven Geschmack Suppen und Eintöpfe, eignet sich aber auch gebraten oder gedünstet als eigenständige Gemüsebeilage. Nordrhein-Westfalen zählt zu den Hauptanbaugebieten von Porree. Wegen der kurzen Transportwege ist Lauch daher auch nachhaltig.

7 Zwiebeln

Die zur Lauchfamilie zugehörige Zwiebel ist ein schmackhaftes Gewürz und

war zu Recht 2015 Heilpflanze des Jahres. Sie wirkt aufgrund ihrer antioxidativen Schwefelverbindungen antibakteriell und hat einen leicht positiven Einfluss auf den Blutdruck, die Blutfettwerte und den Blutzucker. Als Hausmittel wird der Saft von Zwiebeln gegen Insektenstiche eingesetzt sowie als Säckchen mit zerkleinerten und erwärmten Zwiebeln gegen Ohrenschmerzen. Zwiebeln sind sehr kalorienarm und liefern zudem B-Vitamine sowie Kalium.

8 Wirsing

Kein Scherz: Der Kohl enthält genau so viel Vitamin C wie eine Zitrone. Dann folgen als Plus für die Gesundheit Folsäure und Ballaststoffe bei nur 25 Kalorien pro 100 Gramm. Lediglich wegen des eher hohen Nitratgehalts sollte Wirsing nicht täglich auf dem Teller liegen. Der Kohl wird fast das ganze Jahr über in Deutschland angebaut, hauptsächlich im Rheinland, und zählt daher zu den nachhaltigeren Lebensmitteln. Nur im März und April wird die Nachfrage durch Importe aus den europäischen Nachbarländern gedeckt.

9 Rotkohl

Bunt und gesund: Diese beiden Begriffe reimen sich nicht ohne Grund. Denn Flavonoide, also die kräftigen Farbstoffe in den Blättern des Rotkohls haben tatsächlich gute gesundheitliche Effekte. Laut Deutscher Gesellschaft für Ernährung (DGE) beeinflussen sekundäre Pflanzenstoffe, zu denen Flavonoide gehören, eine Vielzahl von Stoffwechselprozessen. Möglicherweise schützen sie zudem vor unterschiedlichen Krebsarten, senken den Blutdruck, erweitern die Blutgefäße und haben einen entzündungshemmenden, antibakteriellen Effekt. Rotkohl ist reich an Vitamin C und K. Letztere können allerdings die gerinnungshemmende Wirkung von Vitamin-K-Antagonisten abschwächen. Wer entsprechende Medikamente einnimmt, sollte das beachten.

10 Möhren

In Deutschland werden jedes Jahr über 800.000 Tonnen Möhren beziehungsweise Karotten geerntet. Hauptanbaugebiete sind Nordrhein-Westfalen, Niedersachsen und Rheinland-Pfalz. Ihr Pro-Kopf-Verbrauch liegt bei 9,5 Kilogramm, nur Tomaten werden mehr gegessen. Der Pflanzenfarbstoff Betacarotin, der Möhren so herrlich orange macht, ist auch einer ihrer größten Vorteile. Denn unser Körper kann Betacarotin in Vitamin A umwandeln, das tatsächlich gut für unsere Augen ist. Wie auch in Äpfeln steckt zudem der Ballaststoff Pektin in Möhren und sorgt für ein schnelles Sättigungsgefühl. Karotten sind extrem vielseitig, schmecken als Suppen, Salate, gedünstetes Gemüse, als Smoothie-Zutat und auch im Kuchen! Zur besseren Verwertbarkeit des fettlöslichen Betacarotins bitte immer ein paar Tropfen Öl oder etwas Butter zur Möhre geben. Übrigens: Karottenfreunde könnten den bisher recht niedrigen ökologischen Anbau von derzeit nur 130.000 Tonnen durch ihre Kaufentscheidung steigern.

Der Saisonkalender

Obst

	JAN	FEB	MÄR	APR	MAI	JUN	JUL	AUG	SEP	OKT	NOV	DEZ
Äpfel	×	×	×					×	×	×	×	×
Aprikosen						×	×	×				
Birnen								×	×	×	×	×
Brombeeren								×	×			
Erdbeeren					×	×	×					
Grapefruits	×	×	×	×						×	×	×
Heidelbeeren							×	×				
Himbeeren							×	×				
Holunderbeeren								×	×			
Johannisbeeren							×	×				
Kirschen						×	×	×				
Mirabellen							×	×				
Orangen	×	×	×	×	×	×						
Pfirsiche						×	×	×				
Pflaumen							×	×	×			
Quitten									×	×	×	
Rhabarber					×	×						
Melonen						×	×	×	×	×		
Weintrauben							×	×	×	×		
Zwetschgen							×	×	×			

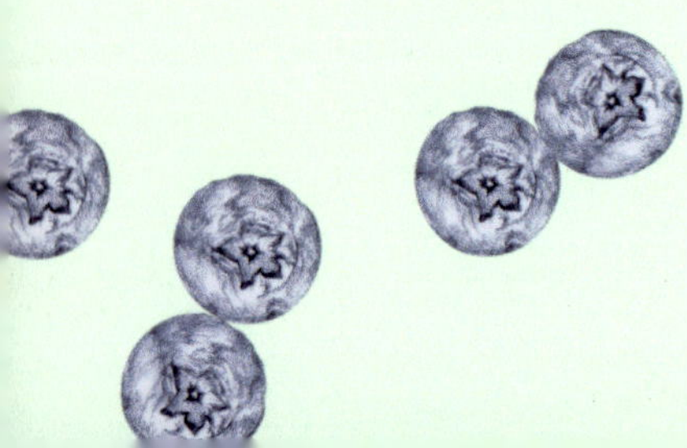

Gemüse

	JAN	FEB	MÄR	APR	MAI	JUN	JUL	AUG	SEP	OKT	NOV	DEZ
Auberginen						×	×	×	×			
Blumenkohl			×	×			×	×	×	×		
Brokkoli						×	×	×	×	×		
Bohnen, grün							×	×	×			
Champignons	×	×	×	×	×	×	×	×	×	×	×	×
Chicoree	×	×	×	×						×	×	×
Chinakohl	×	×	×							×	×	×
Eichblattsalat					×	×	×	×	×	×		
Eisbergsalat					×	×	×	×	×	×		
Erbsen					×	×	×	×				
Feldsalat	×	×	×							×	×	×
Fenchel						×	×	×	×	×		
Grünkohl	×	×									×	×
Gurken	×	×	×	×	×	×	×	×	×	×	×	×
Kartoffeln	×	×	×	×	×	×	×	×	×	×	×	×
Kohlrabi					×	×	×	×	×	×		
Kopfsalat			×	×	×	×	×	×	×	×		
Karotten	×	×	×	×	×	×	×	×	×	×	×	×
Kürbis									×	×	×	×
Paprika						×	×	×	×	×	×	
Porree/Lauch	×	×	×					×	×	×	×	×
Mais								×	×	×		
Pastinake								×	×	×		
Radicchio									×	×		
Radieschen					×	×	×	×	×			
Rettich					×	×	×	×	×	×		
Rosenkohl	×	×							×	×	×	×
Rotkohl	×	×	×				×	×	×	×	×	×
Stangensellerie	×	×	×	×	×	×	×	×	×	×	×	×
Spargel				×	×	×						
Spinat			×	×	×				×	×		
Tomaten				×	×	×	×	×	×	×	×	
Weißkohl	×	×	×	×					×	×	×	×
Wirsing	×	×	×	×	×				×	×	×	×
Zucchini						×	×	×	×	×	×	
Zwiebeln	×	×	×	×	×	×	×	×	×	×	×	×

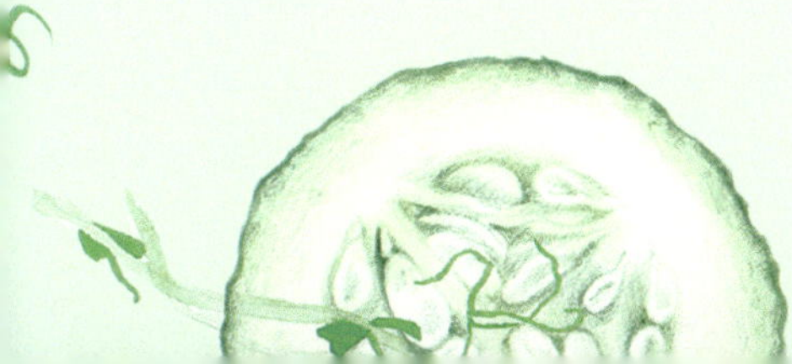

Nachhaltig einkaufen, nachhaltig kochen

Auf Pflanzen-Power zu setzen ist gut. Noch besser, wenn die Lebensmittel auch ressourcenschonend an- und abgebaut sowie zubereitet werden.

Herzhafte Gemüseaufläufe, köstliche Haferflocken-Frikadellen und zart schmelzende Fruchtdesserts: Vegetarische und vegane Mahlzeiten können locker geschmacklich mit herkömmlichen Fleisch-Speisen mithalten. Dazu punkten sie noch mit einer tollen Nährstoffdichte und meist auch mit einer besseren Kalorienbilanz. Doch auch das Klima sollte durch Pflanzenkost möglichst wenig belastet werden, etwa durch den Verzicht auf Pestizide, lange Transportwege und viele Verpackungen. Darum sind eine pflanzenbetonte Ernährung und Nachhaltigkeit ein echtes Traumpaar. Mit den folgenden Tipps können Sie diese umweltliebende Verbindung fördern.

Lieber regional und saisonal

Es ist die einfachste und effektivste Methode, um Treibhausgase sowie unnötigen Verpackungsmüll einzusparen: Kaufen Sie Ihre Lebensmittel möglichst auf Wochenmärkten und in Hof- und Bioläden vor Ort. Dort werden Ihnen überwiegend regionale und saisonale Produkte angeboten. Sofern Sie auch mal eine exotische Frucht vernaschen möchten, wird diese dann mit großer Wahrscheinlichkeit fair gehandelt worden sein. Das schlägt sich zwar im Preis nieder, ist dann jedoch auch ökologisch vertretbarer. Radeln Sie am besten zu Ihrem Händler und lassen Sie das Auto stehen. Das freut die Umwelt und Ihre Gesundheit zusätzlich.

Übrigens: Bauen Sie ein wenig Obst, Gemüse oder Kräuter selbst an. Das geht sogar auf der Fensterbank oder dem Balkon. Wer schon mal selbst ein Pflänzchen gehegt und gepflegt hat, weiß die Ernteerzeugnisse oft noch mehr zu schätzen.

Lieber häufiger und gezielt statt in (zu) großen Mengen

Großpackungen aus dem Discounter sind zwar günstiger, doch oft mengenmäßig überdimensioniert. Die Folge: Nicht selten landet viel davon in der Tonne. Somit wird die verbrauchte Menge im Endeffekt teurer und die Lebensmittelverschwendung nimmt zu. Schon kleine Veränderungen im Einkaufsverhalten begünstigen einen nachhaltigeren Lebensstil:

- Lebensmittel in der tatsächlich benötigten Menge kaufen und nicht hamstern. Gerade Obst und Gemüse enthalten viele flüchtige Vitamine, die durch lange Lagerung verloren gehen. Am besten immer frisch kaufen und rasch verzehren.
- Planen Sie Ihre Mahlzeiten: Das verhindert spontane Fehlkäufe und spart Geld. Seien Sie gleichzeitig flexibel und verbrauchen Sie Nahrungsmittel nach ihrer Haltbarkeit.
- Laut Naturschutzbund (Nabu) werden noch immer 60 Prozent des Obstes und Gemüses verpackt, oft in schlecht abbaubarem und nicht recyclingfähigem Material. Agieren Sie bitte nach dem „zero waste“-Prinzip und vermeiden Sie so viel Müll wie möglich. Bedeutet: Mehrweg statt Einweg sowie Stoffbeutel und Obst- und-Gemüse-Netze verwenden.

Lieber kontrollieren statt vertrauen

Auch vegetarische und vegane Lebensmittel können den Klimawandel anheizen. Reis etwa zählt zu den Haupttreibern von Methan-Emissionen, das als Treibhausgas zirka 34-mal schädlicher als CO_2 ist. Zudem sind die weißen Körner häufig mit Arsen belastet und sollten auch deshalb nicht oft und in großen Mengen gegessen werden. Ähnlich verhält es sich mit veganen Stars wie Avocados und Soja. Für ihren Anbau werden nach wie vor nicht nur große (Ur)wälder gerodet, ihr Wachstum kostet teilweise doppelt so viel wertvolles Trinkwasser, wie bei der Produktion von Rinderhackfleisch (siehe Seite 46) eingesetzt werden muss. Solche pflanzlichen Lebensmittel sollten entsprechend selten oder am besten gar nicht konsumiert werden.

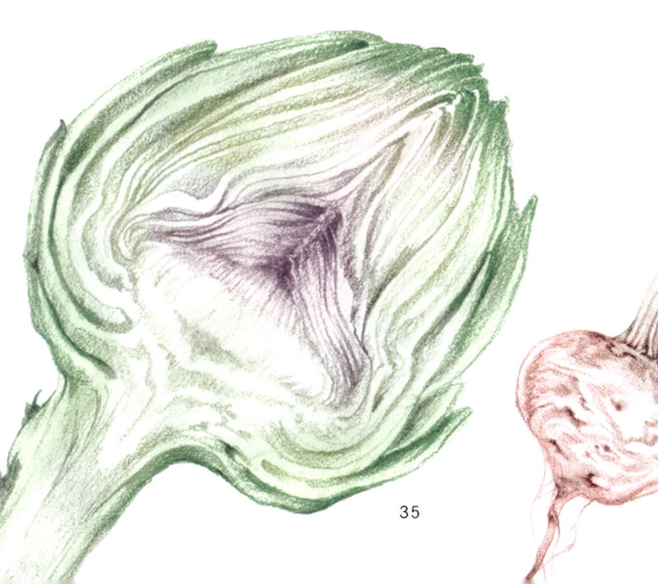

Vom Blatt zur Wurzel: Gemüse mal anders

Blätter und Kerne von Roter Bete und Kürbis wegwerfen? Bitte nicht! Sie schmecken und sind sehr gesund.

Bei Fleisch gibt es schon lange den Trend „nose to tail“, was, aus dem Englischen übersetzt, so viel bedeutet wie „von der Nase bis zum Schwanz“. Dabei werden aus Gründen der Nachhaltigkeit und Ethik alle Teile eines geschlachteten Tieres verwendet und nicht nur die Filetstücke. Diese gute Idee macht jetzt auch beim Gemüse Schule: „leaf to root“ heißt die Devise! Vom Blatt bis zur Wurzel, und das aus gutem Grund.

Die unterschätzten Nährstofflieferanten

Blätter, Schalen und Kerne sind oft überraschend gute Quellen für wertvolle Mineralstoffe und Vitamine. Im Grün der Rote-Bete-Knollen stecken etwa große Mengen Kalzium und Vitamin A und C. Und auch das Filetieren von Orangen ist eigentlich Verschwendung. Die Trennhäute enthalten wertvolle Ballaststoffe und die Schalen wiederum können abgerieben und zum Würzen verwendet werden. Voraussetzung: Orangen, Obst und Gemüse sollten biologisch oder selbst angebaut sein, damit die äußeren Bestandteile keine Pestizide enthalten. Kerne vom Kürbis verwandeln sich abgespült und nach 15 bis 20 Minuten bei 180 Grad im Ofen in einen köstlichen, nahrhaften Snack.

Perfekte Basis für Brühe

Ob Strunk vom Brokkoli, das eher grobe Grün vom Lauch oder die Schalen der Möhren: Spülen Sie die Überbleibsel kräftig ab, schneiden Sie sie in kleine Stücke und sammeln Sie alles in einem Beutel im Gefrierfach. Sobald Sie genug zusammenhaben, ist das die ideale Basis für eine gute und kräftige Gemüsebrühe – und die Krönung des „zero waste“-, also des Null-Abfall-Kochens!

Nicht alles ist essbar

Bei aller Begeisterung für die Resteverwertung: Es gibt auch Ausnahmen. So sollten etwa die Blätter vom Rhabarber auf keinen Fall gegessen werden. Sie enthalten viel ungünstige Oxalsäure, die Harnsteine begünstigt und die Verwertung von Kalzium, Magnesium und Eisen beeinträchtigen kann. Auch der grüne Stielansatz von Tomaten und grüne Stellen in Kartoffeln sollten Sie nicht verzehren, um kein Solanin aufzunehmen. Dabei handelt es sich um eine für den Menschen leicht giftige chemische Verbindung.

Gut gelagert: So vermeiden Sie Abfall

Mit ein paar Tricks werden Sie zum Lebensmittelretter, schonen die Umwelt und Ihre Haushaltskasse.

Mehr als die Hälfte aller Lebensmittel in Deutschland landet im Müll. Würden wir die 15 Millionen Tonnen Lebensmittel, die wir jedes Jahr in Deutschland wegwerfen, in Lkws laden, so würde der Konvoi von Berlin bis nach Peking reichen. Ein trauriges Bild, denn der Großteil dieser Nahrungsmittel ist in einem einwandfreien Zustand und wird nur entsorgt, weil das Mindesthaltbarkeitsdatum überschritten ist oder er kleine Schönheitsfehler hat. Laut Schätzungen werfen deutsche Haushalte damit jährlich genießbares Essen in Höhe von 20 Milliarden

Euro weg. Oft beginnt die Entsorgung schon im Vorfeld: So werden 40 bis 50 Prozent von jedem geernteten Obst und Gemüse direkt nach der Ernte aussortiert, weil Wuchs, Farbe oder Gewicht nicht den EU-Richtlinien entsprechen und der Handel diese Produkte nicht abnimmt. Letztlich ist das nicht nur eine ethisch fragliche Verschwendung kostbarer Ressourcen, während in anderen Teilen der Welt Menschen hungern. Diese Praxis erhöht auch die Preise für Nahrungsmittel künstlich und unnötig, da die Kosten der vernichteten Essensmengen auf die Waren im Handel aufgeschlagen werden.

Vertrauen Sie Nase, Augen und Zunge

Das Mindesthaltbarkeitsdatum (MHD) garantiert lediglich, dass bestimmte Eigenschaften eines Produktes bis zu diesem Zeitpunkt einwandfrei sind, etwa die Farbe oder der Geschmack. „Schlecht" ist dann ein Joghurt noch lange nicht, schließlich kennt er kein Datum. Checken Sie deshalb Lebensmittel lieber mit Ihren Sinnen als mit einem Terminkalender. Sieht der Quark noch gut aus, schmeckt er noch prima?

Klare Kriterien zum Wegwerfen sind dagegen Schimmel, aufgeblähte Verpackungen und angefaulte Stellen bei Gemüse und Obst. Auch der Hinweis „Zu verbrauchen bis ..." auf sensiblen Erzeugnissen wie Fisch oder Fleisch sollte pingelig eingehalten werden. Sonst droht möglicherweise eine Lebensmittelvergiftung.

Richtig aufbewahrt, richtig lange haltbar

Zu warm, zu hell, zu feucht. Oft werden Nahrungsmittel schimmelig oder ranzig, weil sie nicht ideal gelagert werden.
So lieben es die meisten Nährmittel, wie Getreide, Stärke und Hülsenfrüchte, dunkel, kühl und luftdicht. Auch im Kühlschrank können Verbraucher durch die richtige Wahl des Platzes die Haltbarkeit der Lebensmittel deutlich verbessern. Beim klassischen Kühlschrank mit Rückwandverdampfer zirkuliert die Luft: Wärmere Luft steigt nach oben, kalte strömt nach unten. Im Obst- und Gemüsefach ist es nur deshalb wärmer, weil dahinter kein Verdampfer mehr ist. Käse, Joghurt und Milch sollten also in kühlere Zonen, Zubereitetes ins oberste oder mittlere Fach, Fisch und andere besonders leicht verderbliche Lebensmittel ins kühlste Fach nach unten. Neuere Kühlschränke verfügen sogar über zusätzliche Kaltlagerfächer nahe null Grad Celsius. Im Obst- und Gemüsefach des Kühlschranks sind die Salate, das Gemüse und die Früchte gut aufgehoben. Ananas und Bananen haben hier nichts verloren, auch Tomaten und Kartoffeln bleiben besser draußen. Auf der nächsten Seite sehen Sie, was wohin gehört.

Kühlschrank-Knigge: Richtig gelagert, länger haltbar

7 – 10 °C
Zubereitete Speisen

6 – 7 °C
Milchprodukte, Käse und Eier

4 – 5 °C
Schnell verderbliche Lebensmittel

10 – 13 °C
Salat, Obst, Gemüse

In der Tür
ca. 7 – 10 °C
Eier, Butter und Margarine

Dressing, Senf, angebrochene Glaskonserven

Angebrochene Getränke, frisch gepresste Säfte

Alles Bio, aber auch immer nachhaltig?

Der Begriff Bio garantiert ein Mindestmaß an Ökologie, jedoch nicht an Nachhaltigkeit.

Wo Bio draufsteht, muss nicht automatisch auch eine ressourcenschonende Nutzung drinstecken. Unter Umständen ist die konventionell angebaute Kartoffel vom Bauernhof in der Nähe sogar umweltschonender. Beide Begriffe sind zwar vor allem in der Kombination für den Umweltschutz sinnvoll, haben aber unterschiedliche Zielsetzungen. Während Bio für einen möglichst natürlichen Umgang mit unserer Umwelt steht, liegt der Fokus bei der Nachhaltigkeit darauf, dass nicht mehr Rohstoffe verbraucht werden als nachwachsen beziehungsweise zur Verfügung gestellt werden können. Bio steht entsprechend auch auf Lebensmitteln, die zwar aus ökologischem Anbau stammen, aber trotzdem Tausende von Kilometern mit dem Flugzeug oder dem Schiff befördert oder mehrfach in Plastikfolie eingeschweißt wurden.

Nicht jeder Bauernhof beantragt ein Bio-Siegel

Bis ein landwirtschaftliches Unternehmen das Bio-Label auf seine Produkte drucken darf, muss es viel Zeit, Geld und Geduld investieren. So haben Bauernhöfe – richtigerweise – einen aufwendigen und lückenlosen Nachweis zu erbringen, alle EU-Rechtsvorschriften für den ökologischen Landbau zu erfüllen, nur Öko-Zutaten zu verwenden und einzusetzen und sich an strenge Vorgaben bei der Verwendung des Siegels zu halten. Das ist gut so – doch für kleinere Betriebe sind die Voraussetzungen oft nicht umsetzbar.

Anbau und Entfernung entscheiden auch

Trotzdem baut der bäuerliche Familienbetrieb mit zehn Kühen und einem überschaubaren Freilandanbau bei Ihnen in der Nähe möglicherweise am Ende des Tages sehr energieschonend und biologisch an. Sprechen Sie die Beteiligten im kleinen Hofladen einfach mal auf ihre Anbaumethoden, den Düngemitteleinsatz sowie das Tierfutter an. Vielleicht finden Sie hier eine nachhaltige, regionale und saisonale Einkaufsmöglichkeit.

Diese Bio-Siegel gibt es

Das EU-Bio-Siegel, bestehend aus einem mit Sternen gesäumten Blatt, und das Sechseck mit dem Begriff Bio sind die bekanntesten und am weitesten verbreiteten Label im Lebensmittelbereich. Sie erfüllen allerdings nur Mindeststandards laut EG-Öko-Verordnung. Wer sich höhere Ökostandards wünscht, sollte eher zu den Siegeln greifen, die Sie auf der rechten Seite finden.

Diese Siegel haben es in sich

Bioland

Erfüllt freiwillig höhere Bio-Richtlinien, als die EU es vorgibt. Bioland-Betriebe setzen auf die sogenannte Kreislaufwirtschaft und streben an, ein aus sich selbst heraus lebensfähiges System zu sein. Dung der eigenen Tiere wird zum Beispiel als Dünger für die eigenen Böden benutzt. Die Düngemenge ist zudem stark beschränkt. Tiere erhalten zu 100 Prozent Bio-Futter, werden artgerecht gehalten, nicht länger als vier Stunden und 200 Kilometer weit transportiert.

Naturland

Ähnliche oder gleiche Kriterien wie Bioland erfüllen landwirtschaftliche Betriebe, deren Produkte das Naturland-Siegel tragen. Zusätzlich berücksichtigt Naturland strenge soziale Aspekte und engagiert sich gegen Kinderarbeit und für Menschenrechte.

Demeter

Dieses Siegel gilt als eines der strengsten. Die Erzeugerbetriebe erfüllen alle oben genannte Richtlinien, verwenden aber noch einen zugelassenen Zusatzstoff weniger als Bioland und Naturland. Darüber hinaus ist die Enthornung und Haltung von hornlosen Rindern verboten.

Die Sache mit dem Fisch

Pescetarier essen kein Fleisch, dafür ab und zu Fisch. Geht das noch mit gutem Gewissen?

Es ist ein Trauerspiel: Laut Nabu sind 90 Prozent der weltweit kommerziell genutzten Fischbestände überfischt oder bis an ihre biologische Grenze befischt. Dabei gilt Fisch, insbesondere fetter Seefisch, als sehr gesund. Kaum ein Lebensmittel liefert so hochwertige Omega-3-Fettsäuren und wertvolle Spurenelemente wie Jod, Selen und Vitamin D. Gerade Letzteres ist in unseren sonnenlichtarmen Regionen generell Mangelware, vor allem in den dunklen Herbst- und Wintermonaten. Zudem kann der Körper mit zunehmendem Alter immer schlechter das Sonnen-Vitamin bilden.

Fisch zählt außerdem zu den wertvollen Eiweißlieferanten. So bringen beispielsweise 100 g Zander 20 g Protein auf den Teller. Das weiße, feste Fleisch enthält außerdem überdurchschnittlich viele B-Vitamine. 100 g Forelle decken mit 19,5 g schon einen Großteil des täglichen Eiweißbedarfs und liefern parallel wertvolle Omega-3-Fettsäuren. Gleichzeitig ist der Speisefisch mit nur 6 g sehr fettarm.

Aquakulturen sind keine Alternative

Also besser zu Fisch aus Aquakultur greifen? Im Jahr 2018 wurden mit dieser industriellen Zuchtmethode über 114 Millionen Tonnen Fische, Weichtiere und Krebstiere produziert. Doch Tierschutz-, Umweltschutz- und Naturschutzorganisationen wie der WWF kritisieren Aquakulturen. Die Gründe:

1 Problem Futter

Viele Fische in den riesigen Zuchtbehältern brauchen Fischmehl oder Fischöl als Futter. Beides stammt in der Regel aus Wildfang, was Fischbestände doch wieder belastet.

2 Problem Antibiotika

Um Krankheiten zu vermeiden, werden in die Behältnisse oft prophylaktisch große Mengen Antibiotika und andere Medikamente gegeben, die über die Fische auf den Menschen übergehen können.

3 Problem Besatzdichte

Die sogenannte Besatzdichte, also die erlaubte Anzahl an Tieren pro Kubikmeter Wasser, erinnert zum Teil an düstere Legebatterien-Fotos in Hühnerställen.
In Netzgehegen im Meer werden bis zu 100 kg je Kubikmeter Regenbogenforellen gezüchtet. Für Arten, die nicht zu den Schwarmfischen gehören, wie der Lachs, und sich nicht im Getümmel vieler Artgenossen wohl- und sicher fühlen, bedeutet das enge Gedränge puren Stress.

4 Problem Vermischung

Es entkommen auch immer wieder Zuchtfische aus Aquakulturen und vermischen sich mit Wildfischen, was zu erheblichen Problemen führen kann.

Fisch ist stark belastet

Ob aus Aquakultur oder Wildfang: Fast jeder Fisch ist Spiegelbild der Umweltverschmutzung. Kaum ein Tier hat heute keine Mikroplastikpartikel im Magen, Heilbutt, Thunfisch und Rotbarsch sind zudem mit Methylquecksilber belastet. Wer auf Umweltschutz setzt, sollte Fisch nur in Ausnahmefällen essen. Ökologisch unbedenklich ist der Verzehr von „Teichfischen“ wie Karpfen. Der Bedarf an Omega-3-Fettsäuren lässt sich ökologisch und nachhaltig durch Algenkapseln aus der Apotheke decken.

Diese Siegel sorgen für Orientierung

Sofern Sie ab und zu Fisch essen möchten, sollten Sie zertifizierten Fisch kaufen. Folgende Bio- und Umwelt-Siegel fördern Nachhaltigkeit und Tierschutz:

Das MSC-Siegel
garantiert schonende Fangmethoden und bestandsschützenden Wildfang. Die Kontrolle und Vergabe erfolgt durch eine unabhängige Prüfstelle.

Das ASC-Siegel
steht für nachhaltige Aquakultur und setzt sich unter anderem für einen kontrollierten Antibiotika-Einsatz ein.

Der Anbauverband Naturland
achtet bei Aquakulturen darauf, dass die Tiere genug Platz haben. Gentechnik, Hormone, vorbeugende Medizin sind tabu.

Der Anbauverband Bioland
zertifiziert nur Friedfische wie Karpfen, die sich pflanzlich und ohne Fischmehl ernähren.

Friend of the Sea
Produkte erfüllen strenge Öko-Richtlinien, allen voran gegen Überfischung.

Der ökologische Fußabdruck

Alles, was wir essen, produziert direkt und indirekt Treibhausgase oder benötigt Wasser. Die Menge können wir durch unsere Kaufentscheidung beeinflussen.

Bis ein Lebensmittel im Supermarkt landet, hat es durch Anbau, Ernte, Verpackung und Transport Treibhausgase verursacht. Neben Kohlenstoffdioxid werden fünf weitere Treibhausgase bei der Berechnung berücksichtigt, die im Kyoto-Protokoll genannt werden. Ziel sollte sein, dass ein Nahrungsmittel möglichst klimaneutral hergestellt und transportiert wird. Hier sind die Unterschiede massiv, wie Sie in der Tabelle auf Seite 46 (unter Nummer 1) erkennen können.

Kleiner Tausch, große Wirkung

Gerichte in der vegetarischen oder veganen Form zuzubereiten senkt den CO_2-Fußabdruck jeder Mahlzeit erheblich. Und das geht dank schmackhaftem Gemüse oder herzhaftem Fleischersatz auch ganz ohne Geschmackseinbußen. Auf Seite 46 finden Sie zwei Beispiele (Nummer 2), wie Sie Mahlzeiten durch cleveren Tausch ökologischer zubereiten können.

Wasser – das neue Luxusgut

Sprechen wir von Nachhaltigkeit, rückt das Thema Wasser immer stärker in den Fokus. Trinkwasser zählt zu einer der wichtigsten Ressourcen und wird unterschiedlich stark bei der Produktion von Lebensmitteln benötigt. Auch darauf sollten Verbraucher und Verbraucherinnen beim Einkauf achten. Einen Eindruck bekommen Sie auf Seite 46 (Nummer 3).

Lebensmittel und Nachhaltigkeit

① CO_2-Fußabdruck

	CO_2-Fußabdruck je Kilogramm
Ananas per Schiff	0,6
Ananas per Flugzeug	15,1
Apfel aus der Region	0,3
Apfel aus Neuseeland	0,8
Avocado aus Peru	0,8
Blumenkohl aus der Region	0,2
Brokkoli, frisch geerntet	0,3
Champignons frisch	1,3
Champignons aus der Dose	2,4
Erdbeeren, frisch, aus der Region	0,3
Erdbeeren, frisch im Winter	3,4
Karotten	0,1
Linsen aus der Dose	1,7
Tomaten, frisch, aus der Region	0,3
Tomaten aus beheiztem Gewächshaus	2,9
Tomatenmark	4,3

	CO_2-Fußabdruck je Kilogramm
Butter	9,0
Ei	3,0
Käse im Durchschnitt	5,7
Milch, Karton	1,4
Garnelen, gefroren	12,5
Hähnchen im Durchschnitt	5,5
Bratling auf Erbsenbasis	1,8
Rindfleisch im Durchschnitt	13,6
Rindfleisch Bio	21,7
Vegane Bratwurst	1,7
Mischbrot	0,6
Margarine	2,8
Kaffee	5,6
Leitungswasser	0,0
Bier, Glasmehrwegflasche, 0,5 l	0,9
Wein, Glasmehrwegflasche, 0,75 l	1,0

② Herkömmlich zubereitet:

	CO_2-Fußabdruck je Mahlzeit
• Rinderfrikadelle mit Reis und Erbsen	2,0
• Lasagne mit Rinderhack	1,6

Pflanzenbasiert zubereitet:

	CO_2-Fußabdruck je Mahlzeit
• Soja-Veggieburger statt Frikadelle	1,0
• Lasagne mit Sojagranulat statt Hack	0,7

③ Wasser-Fußabdruck

Lebensmittel in kg	Wasser in Litern
Apfel, Durchschnitt	1.500
Butter	10.000
Ei	900
Fisch, Aquakultur	15.000
Fisch, Wildfang	80
Hähnchen	20.000
Kartoffeln	100
Käse	6.000

Lebensmittel in kg	Wasser in Litern
Milch	2.000
Milchersatz, Haferdrink	300
Milchersatz, Sojadrink	3.000
Rapsöl	800
Rinderhackfleisch	15.000
Sojagranulat	30.000
Tofu	7.000

Achtung, Mogelpackung!

Manche Lebensmittel, die auf den ersten Blick vegan erscheinen, können trotzdem tierische Bestandteile enthalten

Süßwaren

Nach wie vor wird in vielen Süßigkeiten wie Weingummi tierische Gelatine als Verdickungsmittel eingesetzt. Diese wird aus Kollagen gewonnen, das aus ausgekochten tierischen Knochen, Häuten und Sehnen stammt. Wer das nicht möchte, sollte auf vegane Geliermittel wie Pektin, Johannisbrotkernmehl, Mais- oder Kartoffelstärke sowie Agar-Agar setzen. ‚Ohne tierische Gelatine' bedeutet übrigens nicht, dass das ganze Produkt vegan ist. Hier können trotzdem Milchprodukte drinstecken.

Obst

Natürlich sind Obst und Nüsse vegan. Doch oft werden Äpfel, Zitrusfrüchte, Nüsse und sogar Kaffeebohnen mit sogenanntem Schellack gewachst. Sie erkennen es an der Zusatzstoffnummer E 904. Schellack bringt Lebensmittel zum Glänzen und macht sie so für uns Konsumenten attraktiver. Außerdem hat er leicht konservierende Eigenschaften und ist ein gern benutzter Überzug für Süßigkeiten. Aber: Schellack wird aus dem Sekret der weiblichen Lackschildlaus gewonnen und hat somit einen tierischen Ursprung.

Brotaufstrich

Sogenannte Emulgatoren oder Stabilisatoren sorgen dafür, dass Aufstriche geschmeidiger und cremiger werden und gleichzeitig eine gewisse Festigkeit haben. So sind sie nicht zu flüssig und laufen nicht vom Brot. Viele dieser Zusatzstoffe werden aber aus tierischen Bestandteilen wie Fett gewonnen.

Alkohol und Säfte

Auch bei der Herstellung von Alkohol und Säften kommt oft Gelatine zum Einsatz. Meist wird sie bei der Klärung genutzt und filtert Trübstoffe heraus. Da die Gelatine nicht direkt im Getränk landet, sondern nur zur Herstellung genommen wird, ist sie laut aktueller Gesetzeslage lediglich ein Hilfsstoff und muss nicht deklariert werden. Ähnlich sieht es mit Eiklar aus, das ebenfalls zur Klärung von Wein benutzt wird.

Chips

Werden tierische Inhaltsstoffe als sogenannte Trägerstoffe für Aromen oder Vitamine verwendet, müssen diese nicht in der Zutatenliste deklariert werden. Von daher bestehen manche Chips also nicht nur aus Kartoffeln, Gewürzen und Fett, sondern enthalten eben auch kleine Mengen Wild, Schwein oder Geflügel.

Unsere Zukunft neu denken

Eine nachhaltige Ernährung ist ein guter Anfang für den Umweltschutz. So gelingt er auch in anderen Lebensbereichen.

Mit der Wahl unserer Lebensmittel nehmen wir Einfluss auf die Umwelt (und unsere Gesundheit). Eine nachhaltige Lebensweise kann aber beim Kauf der Kleidung oder Kosmetik fortgesetzt werden, etwa in dem man Naturprodukte bevorzugt. Oder öfter Fahrrad fährt, statt Auto.

1 Machen Sie Ihren Kleiderschrank grüner

Klar macht Shoppen Spaß. Doch jetzt mal Hand aufs Herz: Wie viele Kleidungsstücke haben Sie im Schrank – und wie viele davon ziehen Sie wirklich an? Laut Greenpeace hat jeder von uns im Durchschnitt 95 (!) Klamotten; Strümpfe und Unterwäsche nicht mitgezählt. Etwa 20 Prozent, also jedes fünfte Kleidungsstück, werden so gut wie nie getragen, ein Großteil nach kurzer Zeit entsorgt – wegen mangelnder Qualität oder wechselnden Modetrends: Laut Fachverband Textilrecycling entsorgen wir jährlich über eine Million Tonnen Textilien. Dies entspricht etwa 62.000 Lkw-Ladungen.

Gut gekleidet!

Nachhaltige, fair produzierte Kleidung kostet zwar mehr, liegt uns wegen des höheren Preises und der besseren Qualität aber auch buchstäblich länger am Herzen – und angenehmer auf der Haut. Auch der Kauf von Secondhand-Mode verhindert, dass Kleidung zum Wegwerfprodukt degradiert wird.

② Reparieren statt wegwerfen

In sogenannten Repair Cafés bekommen defekte Alltagsgegenstände neues Leben eingehaucht. Egal ob Radio, Mixer, Fahrradschlauch oder Computer: Alles wird mit fachkundiger, üblicherweise ehrenamtlicher Unterstützung wieder flottgemacht. Viele Cafés sind gemeinnützige Organisationen, andere wünschen sich eine kleine Spende. Kostenlos gibt es überall Kontakte zu hilfsbereiten, freundlichen Menschen.

Gut repariert!

Im Internet „Repair Café" und die Postleitzahl eingeben, so finden Sie Repair-Experten.

③ So wird's im Badezimmer ökologischer

Plastik raus, Natur rein! Dieses Motto gilt im Großen, aber auch im Kleinen. Benutzen Sie Zahnbürsten und Rasierer aus Bambus und machen Sie einen Bogen um Einwegprodukte. Mit waschbaren, wiederverwendbaren Abschminkpads sparen Sie doppelt: Geld und Müll. Achten Sie auf ökologische Naturkosmetik. Bei der Herstellung wird sowohl auf möglicherweise allergieauslösende Duft- und Konservierungsstoffe verzichtet als auch auf Mikroplastik. Letzteres gerät wieder über das Abwasser in den Umweltkreislauf, befindet sich mittlerweile sogar in der Luft, in der Antarktis und in der Tiefsee in über 8000 Metern unter uns!

Gut gepflegt!

Mit der App „CodeCheck" können Sie Kosmetik auf ihre Inhaltsstoffe, aber auch Lebensmittel auf ihre Nährwerte überprüfen.

④ Leihen und Tauschen ist das neue Kaufen

Ob Auto, Fahrrad oder Bohrmaschine: Nicht alles, was man braucht, muss man neu anschaffen oder selbst besitzen. Gerade Gegenstände, die man nicht täglich nutzt, kann man inzwischen kostengünstig und nachhaltig leihen. Das spart wertvolle Ressourcen. Gut frequentiert werden schon Tauschbörsen für Kleidung und Bücher. Aber auch in den Ferien in anderen Städten oder Ländern kostenlos Wohnungen oder Häuser zu tauschen wird immer beliebter.

Gut getauscht!

Die Angebote an Tausch- und Leihportalen sind riesig. Für jedes Stichwort finden sich unzählige Anbieter.

Vegetarische und vegane **Rezepte** durchs Jahr

Frühling

Erbsensuppe mit Sahne

Für 2 Personen

1 Schalotte / 1 Stange Staudensellerie / 100 g mehligkochende Kartoffeln / 1 TL Olivenöl / 500 ml Gemüsebrühe / 200 g Erbsen / 1 Handvoll Erbsensprossen / 80 g Sahne / Salz / 2 EL Zitronensaft / Pfeffer aus der Mühle

1 Die Schalotte schälen und fein würfeln. Sellerie waschen, putzen und in Scheiben schneiden. Kartoffeln schälen, waschen und klein würfeln. In einem Topf das Öl erhitzen, Schalotte und Sellerie darin hell anschwitzen. Kartoffeln zufügen, Brühe angießen und alles ca. 10 Minuten köcheln lassen. Die Erbsen untermischen und weitere ca. 5 Minuten gar köcheln. Etwa 2 EL der Erbsen als Einlage herausnehmen.

2 Die Erbsensprossen abbrausen und trocken schütteln. Einige Blätter abzupfen und klein schneiden, den Rest samt Wurzeln hacken und zur Suppe geben. Mit 4 EL Sahne fein pürieren. Die Erbsen zurück in die Suppe geben und mit Salz und Zitronensaft abschmecken. Evtl. etwas Wasser ergänzen.

3 Auf Schälchen verteilen, mit der übrigen Sahne beträufeln und mit den Sprossenblättern bestreuen. Mit Pfeffer übermahlen und servieren.

Pro Portion: 356 kcal, 22 g F, 10 g EW, 24 g KH, 8 g BST
Vorbereitungszeit: 15 min / Zubereitungszeit: 20 min / Gesamtzeit: 35 min / Schwierigkeitsgrad: leicht

Falls Sie noch kein frisches, heimisches Gemüse bekommen, greifen Sie bei den Erbsen auf TK-Ware zurück.

Minestrone mit Zartweizen

Für 2 Personen

1 Schalotte / 1 Knoblauchzehe / 200 g festkochende Kartoffeln / 1 EL Olivenöl / ½ TL getrockneter Oregano / ½ TL Paprikapulver / Salz / Pfeffer aus der Mühle / 500 ml Gemüsebrühe / 1 Lorbeerblatt / 80 g Zartweizen / 100 g passierte Tomaten / 60 g Maiskörner (TK) / 60 g Erbsen / 3 Stängel Basilikum / 50 g saure Sahne

❶ Schalotte und Knoblauch abziehen und beides fein würfeln. Die Kartoffeln schälen und in ca. 2 cm große Würfel schneiden. Das Olivenöl in einem großen Topf erhitzen. Schalotten und Knoblauch darin kurz anschwitzen. Die Kartoffeln untermischen und mit Oregano, Paprika, Salz und Pfeffer würzen. Die Brühe angießen und das Lorbeerblatt ergänzen. Etwa 10 Minuten leise köcheln lassen.

❷ Den Zartweizen mit den Tomaten zur Suppe geben und alles zusammen ca. 15 Minuten gar köcheln. Den Mais und die Erbsen während der letzten ca. 5 Minuten ergänzen.

❸ Das Basilikum abbrausen und trocken schütteln. Einige Blätter zum Garnieren abzupfen, den Rest samt Stielen klein schneiden und mit der sauren Sahne verrühren. Mit Salz und Pfeffer würzen.

❹ Die Minestrone abschmecken (nach Belieben Lorbeerblatt herausnehmen) und auf Schälchen verteilen. Mit der Basilikum-Creme toppen und mit Basilikumblättern garniert servieren.

Pro Portion: 421 kcal, 18 g F, 11 g EW, 48 g KH, 9 g BST
Vorbereitungszeit: 15 min / Zubereitungszeit: 30 min / Gesamtzeit: 45 min / Schwierigkeitsgrad: leicht

Vegan

Pesto aus Radieschenblättern

Für 2 Personen

2 Handvoll junge Radieschenblätter / 1 Knoblauchzehe / 1 EL Pinienkerne / 1 EL Mandelkerne / 3 EL Olivenöl / Salz / Pfeffer aus der Mühle / 1 TL Zitronensaft

1. Das Radieschengrün abbrausen, trocken schütteln und grob hacken. Den Knoblauch abziehen.

2. Beides mit den Pinienkernen, den Mandeln und dem Öl im Mixer zu einem cremigen Pesto verarbeiten und nach Bedarf ein wenig kaltes Wasser ergänzen. Mit Salz, Pfeffer und Zitronensaft abschmecken.

Pro Portion: 302 kcal, 31 g F, 4 g EW, 2 g KH, 2 g BST
Zubereitungszeit: 10 min / Schwierigkeitsgrad: leicht

Vegan

Karottensuppe mit Kokosmilch

Für 2 Personen

1 Schalotte / 100 g Knollensellerie / 20 g Ingwer / 250 g Möhren mit jungem Grün / 1 TL Rapsöl / 1 TL Currypulver / 1 TL Kurkumapulver / Salz / Pfeffer aus der Mühle / 400 ml Gemüsebrühe / 100 ml Orangensaft / 150 ml Kokosmilch / 1 EL Limettensaft / Minzeblätter zum Garnieren

1. Die Schalotte, Sellerie, Ingwer und Möhren schälen und alles klein würfeln. Ein paar junge Möhrenblätter zum Garnieren beiseitelegen. Das Gemüse zusammen in einem Topf im heißen Öl farblos anschwitzen. Mit Curry, Kurkuma, Salz und Pfeffer würzen und die Brühe mit Orangensaft und 100 ml Kokosmilch angießen. Etwa 15 Minuten gar köcheln.

2. Die Suppe fein pürieren und mit Limettensaft abschmecken. Auf Schälchen verteilen und mit der übrigen Kokosmilch beträufeln. Mit Pfeffer übermahlen und mit dem Möhrengrün und Minze garnieren.

Pro Portion: 322 kcal, 23 g F, 4 g EW, 20 g KH, 7 g BST
Vorbereitungszeit: 10 min / Zubereitungszeit: 20 min / Gesamtzeit: 30 min / Schwierigkeitsgrad: leicht

Orzo-Salat mit Tomaten und Spargel

Für 2 Personen

200 g Orzo / Salz / 200 g grüner Spargel / 2 EL Olivenöl / Pfeffer aus der Mühle / 150 g Traubentomaten / 20 g schwarze Oliven ohne Stein / 20 g getrocknete Tomaten in Öl, abgetropft / 3 Stängel krause Petersilie / 3 Stängel Basilikum / 1 EL Weißweinessig / 1 EL Zitronensaft / 1 TL Agavendicksaft / 60 g Feta (in Bio-Qualität, mit mikrobiellem Lab)

1. Die Orzo-Pasta in kochendem Salzwasser 8–10 Minuten garen.

2. In der Zwischenzeit den Spargel putzen, ggf. im unteren Drittel schälen und in ca. 3 cm lange Stücke schneiden. In einer Pfanne in 1 TL Olivenöl 4–5 Minuten anschwitzen. Mit Salz und Pfeffer würzen, mit etwas Wasser ablöschen und einige Minuten gar dünsten.

3. Die Tomaten waschen und nach Belieben ganz lassen oder halbieren. Die Oliven in Ringe, die getrockneten Tomaten in Streifen schneiden. Die Kräuter waschen, trocken schütteln und samt Stielen grob hacken.

4. Für das Dressing das übrige Öl mit dem Essig, Zitronensaft, Agavendicksaft, Salz und Pfeffer verquirlen und abschmecken. Den Feta dazubröckeln.

5. Die Pasta abgießen, kalt abspülen und abtropfen lassen. Mit allen vorbereiteten Zutaten zum Dressing geben und alles locker vermengen. Auf Teller anrichten und servieren.

Pro Portion: 658 kcal, 26 g F, 20 g EW, 82 g KH, 3 g BST
Vorbereitungszeit: 15 min / Zubereitungszeit: 10 min / Gesamtzeit: 25 min / Schwierigkeitsgrad: leicht

Weißer Spargel mit Wildkräutersalat

Für 2 Personen

200 g weißer Spargel / Salz / 2 EL Olivenöl / 3 Handvoll Wildkräuter, z. B. Löwenzahn, Pimpinelle, Brunnenkresse, Knoblauchsrauke, Schafgarbe, Gundermann / ½ kleiner Radicchio / 1 EL Zitronensaft / 1 TL Holunderblütensirup / 1 EL Weißweinessig / 2 EL Radieschensprossen / 1 EL Kürbiskerne / Pfeffer aus der Mühle / einige Essblüten, z. B. Gänseblümchen, Kapuzinerkresse

1. Den Spargel schälen, waschen, die holzigen Enden entfernen und die Stangen in Salzwasser 6–8 Minuten mit leichtem Biss garen, anschließend abschrecken und gut abtropfen lassen. Schräg in 3–4 cm lange Stücke schneiden. In einer Pfanne in 1 EL heißem Öl ca. 5 Minuten goldbraun braten.

2. Inzwischen die Kräuter und den Radicchio abbrausen, verlesen und trocken schütteln. Den Radicchio grob in Stücke schneiden. Eine halbe Handvoll grüne Kräuter für das Dressing fein hacken und mit dem übrigen Öl, Zitronensaft, Holunderblütensirup, Essig und Salz verquirlen.

3. Die Sprossen abbrausen und trocken schütteln. Die Kürbiskerne grob hacken.

4. Die gemischten Wildkräuter mit dem Radicchio auf Teller anrichten und den Spargel daneben legen. Alles mit dem Dressing beträufeln, mit Pfeffer übermahlen, mit den Kürbiskernen bestreuen und mit den Sprossen und Essblüten garniert servieren.

Pro Portion: 229 kcal, 19 g F, 7 g EW, 6 g KH, 3 g BST
Zubereitungszeit: 25 min / Garzeit: ca. 13 min / Gesamtzeit: 28 min / Schwierigkeitsgrad: leicht

Hafer-Gemüse-Risotto

Für 2 Personen

1 Schalotte / 1 Knoblauchzehe / 1 kleiner Kohlrabi mit Grün / 1 kleine Möhre / 1 Stange Staudensellerie mit Grün / ½ Stange Lauch / 1 EL Rapsöl / 150 g Haferkörner / ca. 500 ml Gemüsebrühe / Salz / Pfeffer aus der Mühle / 60 g Erbsen / 1 EL Butter / 1 EL Zitronensaft / 2 EL geriebener Bergkäse

1 Schalotte und Knoblauch schälen und fein hacken. Kohlrabi, Möhre, Staudensellerie und Lauch abbrausen und schälen bzw. putzen. Kohlrabi und Möhre klein würfeln, den Sellerie und den Lauch in Ringe schneiden. Das Sellerie- und Kohlrabigrün zum Garnieren beiseitelegen.

2 Schalotte, Knoblauch, Kohlrabi, Möhre und Sellerie in einem Topf im heißen Öl farblos anschwitzen. Den Hafer zugeben und kurz mitschwitzen. Mit etwas Brühe ablöschen. Mit Salz und Pfeffer würzen und unter gelegentlichem Rühren ca. 35 Minuten gar kochen. Dabei nach und nach die übrige Brühe ergänzen. Den Lauch nach ca. 20 Minuten zum Hafer geben und die Erbsen während der letzten ca. 5 Minuten.

3 Zum Schluss die Butter unter das Hafer-Gemüse-Risotto mischen und mit Zitronensaft, Salz und Pfeffer abschmecken. Auf tiefe Teller verteilen. Das Blattgrün klein schneiden und mit dem Käse darüberstreuen.

Pro Portion: 574 kcal, 28 g F, 17 g EW, 54 g KH, 14 g BST
Vorbereitungszeit: 15 min / Zubereitungszeit: 40 min / Gesamtzeit: 55 min / Schwierigkeit: leicht

Wraps mit Linsen und buntem Gemüse

Für 2 Personen

60 g grüne Linsen / 4 Kirschtomaten / 1 rote Spitzpaprika / ½ kleine Zwiebel / 1 TL Olivenöl / 1 TL Zitronensaft / Salz / Pfeffer aus der Mühle / ½ Handvoll Gartenkräuter / 4 EL saure Sahne / 1 Handvoll Rucola / 4 Radieschen / ½ Avocado / 2 Weizentortillas

1. Die Linsen ca. 25 Minuten in Wasser gar kochen. Anschließend kurz abschrecken und abtropfen lassen.

2. Zwischendurch die Tomaten und Paprika abbrausen, putzen und beides klein würfeln. Die Zwiebel abziehen und feine Streifen schneiden. Die vorbereiteten Zutaten mit dem Öl und Zitronensaft vermengen und mit Salz und Pfeffer abschmecken.

3. Die Kräuter abbrausen, trocken schütteln, die Blätter abzupfen und hacken. Mit der sauren Sahne verrühren. Rucola abbrausen, verlesen und trocken schütteln. Die Radieschen abbrausen, putzen und in dünne Scheiben schneiden. Die Avocado schälen, entkernen und das Fruchtfleisch in dünne Scheiben schneiden.

4. Die Tortillas in einer Grillpfanne auf beiden Seiten rösten, bis sich Streifen zeigen. Lauwarm abkühlen lassen.
Dann mit Rucola bestreuen, mit den Avocadostreifen belegen und das Linsen-Gemüse darüber verteilen.
Mit der Kräutercreme beträufeln und mit den Radieschen bestreuen. Aufrollen und servieren.

Pro Portion: 442 kcal, 17 g F, 16 g EW, 52 g KH, 7 g BST
Vorbereitungszeit: 15 min / Zubereitungszeit: 30 min / Gesamtzeit: 45 min / Schwierigkeitsgrad: leicht

Flammkuchen mit Rhabarber und Mangold

Für 2 Personen

Für den Teig:
10 g frische Hefe / 250 g Mehl und etwas Mehl zum Arbeiten / 1 TL Rapsöl / Salz

Für den Belag:
400 g Rhabarber (ca. 3 Stangen) / 150 g Ziegenkäse (Rolle) / 4 EL Schmand / 1 Eigelb / Salz / bunter Pfeffer aus der Mühle / 1 TL Thymianblättchen / 1 Handvoll Babymangold

1. Die Hefe in ca. 100 ml lauwarmem Wasser auflösen. Mit dem Mehl, Öl und 1 Prise Salz zu einem geschmeidigen Teig verkneten, der sich vom Schüsselrand löst. Evtl. noch etwas Wasser ergänzen. Zugedeckt an einem warmen Ort ca. 1 Stunde gehen lassen.

2. Für den Belag den Rhabarber waschen, putzen und schräg in dünne Scheiben schneiden. Den Ziegenkäse in Scheiben schneiden. Schmand mit Eigelb glatt rühren und mit Salz und Pfeffer würzen.

3. Den Backofen auf 220 °C Umluft vorheizen. Zwei Backbleche mit Backpapier belegen.

4. Den Hefeteig auf bemehlter Arbeitsfläche halbieren und jeweils zu einem dünnen, ovalen Fladen auswellen. Auf die beiden Bleche legen und mit der Schmandcreme bestreichen, dabei rundherum einen schmalen Rand freilassen. Mit dem Ziegenkäse und Rhabarber belegen und mit Thymian bestreuen. Im Ofen ca. 10 Minuten goldbraun backen.

5. Die Mangoldblätter abbrausen, verlesen und trocken schleudern. Vor dem Servieren die Flammkuchen mit Pfeffer übermahlen und den Mangold darüberstreuen.

Pro Portion: 879 kcal, 36 g F, 35 g EW, 95 g KH, 11 g BST
Vorbereitungszeit: 20 min / Ruhezeit: 1 h / Backzeit: 10 min / Gesamtzeit: 1 h 30 Minuten / Schwierigkeitsgrad: mittel

Vegan

Spinat-Pfannkuchen mit Spiegeleiern

Für 4 Personen

1 Handvoll Babyspinat / 150 ml Buttermilch / Salz / 5 Eier (S) / 125 g Mehl / 1 TL Backpulver / 3 TL Pflanzenöl / Pfeffer aus der Mühle

1. Den Spinat abbrausen und mit der Buttermilch, 1 Prise Salz und 1 Ei im Mixer fein pürieren. In eine Schüssel füllen. Das Mehl mit dem Backpulver darübersieben und alles zu einem glatten Teig verrühren.
In ein oder zwei Pfannen in jeweils 1 TL Öl 2–3 kleine Pancakes ausbacken. Dazu je 1–2 EL vom Teig in die Pfanne setzen und auf beiden Seiten jeweils 1–2 Minuten goldbraun ausbacken.

2. Zwischendurch in einer weiteren Pfanne im übrigen Öl 4 Spiegeleier braten, dabei nach Belieben mit Öl ausgepinselte Eier-Backringe verwenden, um eine gleichmäßig runde Form zu erreichen.

3. Die Spiegeleier auf den Pancakes anrichten und mit Salz und Pfeffer würzen. Z. B. mit frischem Spinat garnieren.

Pro Portion: 489 kcal, 20 g F, 24 g EW, 51 g KH, 2 g BST
Vorbereitungszeit: 10 min / Zubereitungszeit: 5 min / Gesamtzeit: 15 min / Schwierigkeitsgrad: leicht

Vollkornspaghetti mit Bärlauch und Pistazien

Für 4 Personen

40 g Mandeln, blanchiert / 1 TL Hefeflocken / 1 TL Panko / Salz / 250 g Vollkornspaghetti / 1 Handvoll Bärlauch / 1 kleine Knoblauchzehe / 2 EL Pistazien / 3 EL Olivenöl / 1 EL Zitronensaft / Pfeffer aus der Mühle

1. Für den „Parmesan“ die Mandeln in einer Pfanne duftend rösten. Abkühlen lassen. Dann im Blitzhacker mit den Hefeflocken, Bröseln und 1 Prise Salz zu feinem „Parmesan“ mahlen. Die Nudeln in Salzwasser al dente kochen.

2. Inzwischen für das Pesto den Bärlauch abbrausen, trocken schütteln und in einen Mixer füllen. Den Knoblauch abziehen und mit den Pistazien, 1 EL Mandel-Parmesan, Öl und Zitronensaft zum Bärlauch geben. Pürieren und dabei etwas Nudelkochwasser ergänzen. Mit Salz und Pfeffer abschmecken.

3. Die Spaghetti abtropfen lassen, etwas Pesto untermischen und auf Teller anrichten. Mit dem übrigen Pesto beträufeln und mit Mandel-Parmesan bestreuen.

Pro Portion: 860 kcal, 44 g F, 24 g EW, 90 g KH, 4 g BST
Vorbereitungszeit: 15 min / Zubereitungszeit: 20 min / Gesamtzeit: 35 min / Schwierigkeitsgrad: leicht

Gebratener Karpfen mit Kräutern und Knoblauch

Für 2 Personen

1 Handvoll gemischte Gartenkräuter / 1 Karpfen (ca. 800 g), küchenfertig eingeschnitten / Salz / Pfeffer aus der Mühle / 1 EL Mehl / 4 EL Pflanzenöl / 2 Knoblauchzehen / 30 g Butter / 1 EL Zitronensaft / 1 Handvoll Babyspinat

❶ Den Backofen auf 180 °C Ober- und Unterhitze vorheizen.

❷ Die Kräuter verlesen, waschen, trocken schütteln und die Blätter fein hacken. Den Karpfen innen und außen waschen und trocken tupfen. Die Bauchhöhle mit Salz und Pfeffer würzen und mit den Kräuterstängeln füllen. Auch außen mit Salz und Pfeffer würzen und mit dem Mehl bestäuben. In einer großen Pfanne im heißen Öl auf beiden Seiten jeweils ca. 5 Minuten goldbraun braten. Dabei regelmäßig mit dem Öl übergießen.

❸ Den Knoblauch abziehen und klein würfeln. Mit den gehackten Kräutern und der Butter in die Pfanne geben und den Fisch damit immer wieder übergießen. Etwa 5 Minuten gar ziehen lassen. Mit dem Zitronensaft beträufeln.

❹ Den Spinat abbrausen, verlesen und trocken schleudern. Auf einen großen Teller legen und den Fisch darauf anrichten. Knoblauch und Kräuter darübergeben.

Pro Portion: 446 kcal, 26 g F, 43 g EW, 8 g KH, 1 g BST
Zubereitungszeit: 10 min / Garzeit: ca. 15 min / Gesamtzeit: 25 min / Schwierigkeitsgrad: leicht

Tipp
für Pescetarier:
Zu den ökologisch unbedenklichen Teichfischen gehört der Karpfen.

Vegan

Risotto vom Kohlrabi mit Petersilie

Für 2 Personen

600 g Kohlrabi mit Blättern / 2 Stängel Petersilie / 1 Schalotte / 1 EL Olivenöl / Salz / Muskat / bunter Pfeffer aus der Mühle / 200 ml Gemüsebrühe / 1 EL Zitronensaft

❶ Kohlrabi schälen und sehr klein würfeln. Einige junge Kohlrabiblätter zum Garnieren beiseitelegen, den Rest klein schneiden. Die Petersilie abbrausen, trocken schütteln, ebenfalls ein paar Blätter zum Garnieren abzupfen, den Rest hacken. Die Schalotte abziehen und fein hacken.

❷ In einem Topf das Öl erhitzen und die Schalotten darin glasig dünsten. Kohlrabi dazugeben und ca. 5 Minuten unter Rühren hell anschwitzen. Mit Salz, Muskat und Pfeffer würzen. Mit der Gemüsebrühe ablöschen und alles bei schwacher Hitze unter gelegentlichem Rühren ca. 8 Minuten köcheln lassen, bis die Kohlrabiwürfel mit leichtem Biss gegart sind. Nach Bedarf etwas Wasser nachgießen.

❸ Kurz vor dem Servieren die gehackte Petersilie und Blätter untermischen und mit Zitronensaft abschmecken. Auf tiefe Teller anrichten und mit den übrigen Blättern garnieren.

Pro Portion: 183 kcal, 10 g F, 7 g EW, 13 g KH, 6 g BST
Zubereitungszeit: 15 min / Garzeit: ca. 15 min / Gesamtzeit: 30 min / Schwierigkeitsgrad: leicht

Beim Kohlrabi gibt es Sorten, die bereits im April oder Mai geerntet werden können. Speziell die frühen Sorten sind sehr zart.

Gegrillte Karotten mit Farro

Für 2 Personen

100 g Farro (Emmer oder Dinkel) / Salz / 1 EL Apfelessig / 3 TL Rapsöl / 1 TL Honig / 120 g Joghurt / 1 TL Meerrettich / 1 TL Tahin / 1 TL Zitronensaft / 400 g junge Möhren mit Grün / 1 Frühlingszwiebel / Pfeffer aus der Mühle / 1 TL gerösteter Sesam

❶ Farro nach Packungsanweisung mit etwas Salz 35–40 Minuten gar kochen. In ein Sieb abgießen, kurz abschrecken, abtropfen lassen und in einer Schüssel mit Essig, 1 TL Öl und Honig vermischen und ziehen lassen.

❷ Für den Dip Joghurt mit Meerrettich, Tahin, Zitronensaft und Salz verrühren und abschmecken.

❸ Die Möhren schälen und putzen, den Ansatz von Grün dabei stehen lassen. Etwas junges Grün zum Garnieren hacken. Die Möhren längs halbieren und mit dem übrigen Öl bepinseln. Salzen und auf dem heißen Grill (oder in der Grillpfanne) 6–8 Minuten garen, bis sich rundherum Röstspuren zeigen.

❹ Die Frühlingszwiebel putzen, waschen und in feine Ringe schneiden. Den Dip in ein Schälchen füllen und mit einigen Frühlingszwiebelringen bestreuen.

❺ Farro und Möhren auf einer Platte anrichten. Mit Pfeffer übermahlen, mit den übrigen Frühlingszwiebeln, Möhrengrün und Sesam bestreuen und mit dem Dip servieren.

Pro Portion: 401 kcal, 14 g F, 12 g EW, 52 g KH, 11 g BST
Vorbereitungszeit: 15 min / Zubereitungszeit: 20 min / Gesamtzeit: 35 min / Schwierigkeitsgrad: leicht

Frischkäsetorte mit Gurken

Für 10 Stücke

8 Scheiben Vollkorntoast / 12 Wachteleier / 1 Salatgurke / 250 g Radieschen / 2 Handvoll Kräuter, z. B. Kerbel, Dill, Schnittlauch, Petersilie / 600 g Doppelrahmfrischkäse / 200 g Schmand / Salz / schwarzer Pfeffer aus der Mühle / ½ Bio-Zitrone, Abrieb und Saft

Zum Garnieren:
2 Bund Schnittlauch / 1 Handvoll Kräuter, z. B. Kresse, Babymangold, Kerbel, Dill / dunkelrote Essblüten, z. B. Viola

1. Die Toastscheiben entrinden, je 4 Stück zu einem großen Quadrat zusammenlegen und mit einem Tortenring 2 Böden (ca. 20 cm ø) ausstechen (oder mit einem Messer ausschneiden). Einen Boden auf eine Platte legen und mit dem Tortenring umschließen.

2. Die Wachteleier 4–5 Minuten hart kochen, abschrecken und pellen. 4–5 Stück zum Garnieren halbieren, den Rest in Scheiben schneiden. Gurke und Radieschen waschen, putzen und in dünne Scheiben hobeln. Die Kräuter waschen, trocken schütteln und fein hacken. Mit dem Frischkäse und Schmand in einer Schüssel gut verrühren. Mit Salz, Pfeffer, Zitronenabrieb und -saft abschmecken.

3. Den Brotboden dünn mit Käsecreme bestreichen und mit den Gurkenscheiben belegen. Etwa 1 cm dick erneut mit Käsecreme bestreichen. Mit den Eierscheiben und dann mit der zweiten Toastschicht belegen. Dünn mit Creme bestreichen und darauf zwei Drittel der Radieschenscheiben geben. Wieder mit ca. 1 cm Creme bestreichen und ca. 30 Minuten kalt stellen.

4. Anschließend den Ring abziehen und die Torte rundherum mit der übrigen Creme glatt einstreichen.

5. Den Schnittlauch und Kräuter abbrausen und trocken schütteln. Den Schnittlauch passend abschneiden und überstehend an den Tortenrand drücken. Die Torte mit den Wachteleihälften und Radieschen belegen. Mit den Kräutern und Essblüten garnieren.

Pro Portion: 333 kcal, 27 g F, 9 g EW, 12 g KH, 2 g BST
Vorbereitungszeit: 40 min / Kühlzeit: 30 min / Garzeit: 5 min / Gesamtzeit: 1 h 15 Minuten / Schwierigkeitsgrad: leicht

Sommer

Vegan

Sommergartensalat mit Beeren und Nektarine

Für 2 Personen

1 Handvoll Pflücksalat / 1 Handvoll Rucola / 2 Radieschen / 80 g Salatgurke / 1 kleine Möhre / 1 Frühlingszwiebel / 1 Nektarine / 60 g Erdbeeren / 60 g Blaubeeren / 5–6 Essblüten, z. B. Viola / 1 EL Apfelessig / 1 EL Zitronensaft / Salz / ½ TL Meerrettich aus dem Glas / 2 EL Olivenöl / Pfeffer aus der Mühle / 1 EL Mandelkerne

1. Pflücksalat und Rucola verlesen, waschen und trocken schleudern. Radieschen und Gurke waschen, die Gurke längs halbieren und alles in dünne Scheiben hobeln. Die Möhre schälen und ebenfalls fein hobeln. Die Frühlingszwiebel putzen, waschen und schräg in feine Ringe schneiden. Die Nektarine waschen, halbieren, Stein entfernen und Fruchtfleisch in dünne Scheiben schneiden. Die Beeren abbrausen, putzen und verlesen. Für das Dressing jeweils etwa die Hälfte beiseitelegen. Die übrigen Erdbeeren in Scheiben schneiden. Die Blüten verlesen. Alle vorbereiteten Zutaten locker vermischt auf Teller anrichten.

2. Für das Dressing die Beeren mit Essig, Zitronensaft, etwas Salz, Meerrettich und Öl fein pürieren und abschmecken. Über den Salat träufeln. Mit Pfeffer übermahlen. Mandeln grob hacken und darüberstreuen.

Pro Portion: 287 kcal, 20 g F, 4 g EW, 18 g KH, 8 g BST
Vorbereitungszeit: 35 min / Schwierigkeitsgrad: leicht

Kräuter-Zupfbrot

Für 20 Scheiben bzw. eine Kastenform

20 g Hefe / 500 g Weizenmehl (Type 550) und Mehl für Arbeitsfläche und Form / 1 TL Salz / 100 ml Olivenöl und Öl für die Form / 1 Ei / 2 Handvoll Kräuter, z. B. Basilikum, Petersilie, Thymian / 100 g geriebener Käse, z. B. Bergkäse

❶ Für den Teig die Hefe mit ca. 250 ml lauwarmem Wasser verrühren. In einer Schüssel mit dem Mehl, Salz, 2 EL Öl und dem Ei glatt verkneten. Der Teig sollte sich vom Schüsselrand lösen. Evtl. noch etwas Mehl oder Wasser ergänzen. Abgedeckt ca. 45 Minuten gehen lassen.

❷ Für die Füllung die Kräuter abbrausen, trocken schütteln und alles fein hacken. Mit dem übrigen Öl vermischen.

❸ Die Kastenform (ca. 30 cm) mit Öl auspinseln und mit Mehl ausstreuen. Hochkant aufstellen.

❹ Den Teig zu einem Rechteck (ca. 50 × 30 cm) auswellen. Mit dem Kräuteröl bepinseln und mit dem Käse bestreuen. In ca. 24 Rechtecke schneiden.
Die Teile aufeinander in die Form stapeln, diese wieder hinstellen und weitere ca. 15 Minuten gehen lassen.

❺ Den Ofen auf 180 °C Unter- und Oberhitze vorheizen.

❻ Das Zupfbrot im Ofen ca. 40 Minuten goldbraun backen. Abkühlen lassen, aus der Form nehmen und auf einem Gitter vollständig auskühlen lassen.

Pro Scheibe: 160 kcal, 7 g F, 5 g EW, 18 g KH, 1 g BST
Vorbereitungszeit: 35 min / Ruhezeit: 1 h / Backzeit: 40 min / Gesamtzeit: 2 h 15 min / Schwierigkeitsgrad: mittel

Pan con Tomate mit Zimt-Aioli

Für 2 Personen

1 Knoblauchzehe / 120 g griechischer Joghurt / 1 EL Zitronensaft / ½ TL Zimtpulver / Meersalz / 2 reife Fleischtomaten / 3 TL Olivenöl / 2 Scheiben Weizensauerteigbrot / 2 Stängel Thymian / Pfeffer aus der Mühle

❶ Für die Aioli den Knoblauch abziehen und in eine Schüssel pressen. Mit dem Joghurt, Zitronensaft und Zimt verrühren und mit Salz abschmecken.

❷ Die Tomaten waschen, halbieren und durch die Gemüsereibe reiben. Dabei die Haut entfernen. Mit 1 TL Öl verrühren.

❸ Die Brotscheiben auf dem heißen Grill (oder in der Grillpfanne) auf beiden Seiten rösten, bis sich Streifen zeigen. Den Thymian abbrausen, trocken schütteln und grob zerpflücken. Die Brotscheiben mit den passierten Tomaten belegen, mit dem übrigen Öl beträufeln und mit Salz und Pfeffer würzen. Mit etwas Aioli beträufeln und mit dem Thymian bestreuen. Die übrige Aioli in einem Schälchen dazuservieren.

Pro Portion: 226 kcal, 14 g F, 6 g EW, 17 g KH, 3 g BST
Vorbereitungszeit: 15 min / Garzeit: 5 min /Gesamtzeit: 20 min /
Schwierigkeitsgrad: leicht

Gurken-Joghurt-Suppe mit Dill und Mandeln

Für 2 Personen

1 Salatgurke / 2 Stängel Dill / 2 Stängel Kerbel / 1 Knoblauchzehe / 250 g Joghurt / 1 TL Olivenöl / 1 EL Mandelmus / ½ Bio-Zitrone, Saft und Abrieb / Salz / Pfeffer aus der Mühle / 2 EL geröstete Mandelstifte / Piment d'Espelette

❶ Die Gurke schälen und putzen. Zum Garnieren ein kleines Stück entkernen und in Würfelchen schneiden. Den Rest grob in Stücke schneiden und in einen Mixer füllen. Den Dill und den Kerbel abbrausen, trocken schütteln und jeweils einige Blätter zum Garnieren beiseitelegen. Den Rest samt Stielen zur Gurke geben. Den Knoblauch abziehen und mit dem Joghurt, Olivenöl, Mandelmus, Zitronensaft und -abrieb in den Mixer geben und alles sehr fein pürieren. Dabei etwa 150 ml eiskaltes Wasser ergänzen.

❷ Die Suppe mit Salz und Pfeffer abschmecken und auf Schälchen verteilen. Die Gurkenwürfel mit den Mandeln darüberstreuen und mit Piment d'Espelette würzen. Mit den Kräuterblättern garniert servieren.

Pro Portion: 294 kcal, 20 g F, 12 g EW, 14 g KH, 5 g BST
Zubereitungszeit: 15 min / Schwierigkeitsgrad: leicht

Vegan

Baba Ganoush (Auberginendip)

Für 2 Personen

2 Auberginen / 1 Knoblauchzehe / 2 EL Tahini / ca. 2 EL Zitronensaft / 2 EL Olivenöl / Salz / Pfeffer aus der Mühle / Kreuzkümmelpulver / 1 Zweig Rosmarin / 1 Stängel Petersilie / ½ TL geräuchertes Paprikapulver

1. Den Backofen auf 220 °C Umluft vorheizen. Ein Backblech mit Backpapier belegen.

2. Die Auberginen waschen, putzen und mit einer Gabel ringsum mehrmals einstechen. Auf das Blech legen und im Ofen ca. 40 Minuten weich garen. Dabei einmal wenden. Die Auberginen etwas abkühlen lassen. Anschließend längs halbieren, das Fruchtfleisch herausschaben und in einen Mixer geben. Den Knoblauch abziehen und zusammen mit Tahini (Sesampaste), Zitronensaft und 1 EL Öl mit in den Mixbecher geben. Alles cremig pürieren. Mit Salz, Pfeffer und Kreuzkümmel abschmecken.

3. Den Rosmarin und die Petersilie waschen, die Blättchen fein schneiden oder hacken. Die Auberginencreme auf einem tiefen Teller anrichten. Mit geräuchertem Paprikapulver und den Kräutern bestreuen. Mit dem übrigen Öl beträufeln und servieren. Dazu z. B. Fladenbrot reichen.

Pro Portion: 287 kcal, 23 g F, 7 g EW, 9 g KH, 6 g BST
Zubereitungszeit: 20 min / Garzeit: ca. 40 min / Gesamtzeit: 1 h / Schwierigkeitsgrad: leicht

Gerstensalat mit Grillgemüse

Für 2 Personen

100 g Gerstengraupen / 1 Zucchini / 1 rote Paprika / 200 g Butternut-Kürbisfruchtfleisch / ½ rote Zwiebel / 2 EL Olivenöl / Salz / schwarzer Pfeffer aus der Mühle / 1 Stängel Minze / 1 Stängel Basilikum / ½ Handvoll junge Radieschenblätter / 50 g Kichererbsen aus der Dose / 1 Knoblauchzehe / 4 EL Joghurt / 1 TL Tahini / 1 EL Zitronensaft / 1 EL Weißweinessig

1. Die Gerstengraupen in einem Sieb abbrausen und in Wasser 35–40 Minuten (oder nach Packungsangabe) gar kochen.

2. Zucchini und Paprika abbrausen und putzen. Kürbis und Zucchini in etwa daumendicke, 5–6 cm lange Stücke oder Spalten schneiden. Die Paprika grob in Stücke schneiden. Die Zwiebel abziehen und in schmale Spalten schneiden. Das Gemüse mit 1 EL Öl, Salz und Pfeffer vermengen und auf dem heißen Grill rundherum garen.
Den Kürbis 10–12 Minuten, das übrige Gemüse 6–8 Minuten lang.

3. Die Minze, Basilikum und Radieschenblätter abbrausen, trocken schütteln und abzupfen.

4. Für das Hummus die Kichererbsen in einem Sieb abbrausen und abtropfen lassen. Den Knoblauch abziehen. Beides mit dem Joghurt, Tahini, 1 TL Olivenöl und Zitronensaft cremig pürieren. Dabei etwas kaltes Wasser ergänzen und das Hummus-Dressing mit Salz und Pfeffer abschmecken.

5. Die Graupen abschrecken und gut abtropfen lassen. Das übrige Öl mit dem Essig untermischen und mit Salz und Pfeffer abschmecken. Auf Teller anrichten und darüber das Gemüse mit den Kräutern verteilen. Mit Hummus beträufeln und mit Pfeffer übermahlt servieren.

Pro Portion: 461 kcal, 19 g F, 13 g EW, 53 g KH, 9 g BST
Vorbereitungszeit: 20 min / Zubereitungszeit: 40 min / Gesamtzeit: 1 h / Schwierigkeitsgrad: leicht

Vegan

Auberginen-Lasagne mit Cashewcreme

Für 2 Personen

100 g Cashewkerne / 1 Möhre / 75 g Knollensellerie / 1 kleine Zwiebel / 1 Knoblauchzehe / 2 EL Olivenöl / 1 EL Tomatenmark / 100 g rote Linsen / 200 g passierte Tomaten / ca. 250 ml Gemüsebrühe / 2 Stängel Basilikum / Salz / Pfeffer aus der Mühle / 1 Aubergine / ca. 75 ml Sojamilch / 2 EL geriebener veganer Käse / 1 TL Zitronensaft / Muskat / 1 EL geröstete Cashewkerne

❶ Die Cashewkerne in Wasser einweichen. Die Möhre, Sellerie, Zwiebel und Knoblauch schälen und alles klein würfeln. Das Gemüse zusammen in einem heißen Topf in 1 TL Öl kurz anschwitzen. Das Tomatenmark und die Linsen untermischen und kurz mitschwitzen. Die Tomaten mit der Brühe ergänzen und alles ca. 15 Minuten köcheln lassen.

❷ Basilikum abbrausen, trocken schütteln und einige Blätter zum Garnieren abzupfen. Den Rest samt Stängeln fein hacken und unter die Sauce mischen. Mit Salz und Pfeffer abschmecken und vom Herd nehmen.

❸ Die Aubergine abbrausen, putzen und längs in dünne Scheiben schneiden. Portionsweise in einer heißen Pfanne in jeweils etwas Öl goldbraun anbraten. Aus der Pfanne nehmen.

❹ Die Cashewkerne abtropfen lassen und mit Sojamilch und dem Käse cremig pürieren. Mit Zitronensaft, Salz, Pfeffer und Muskat abschmecken.

❺ Den Ofen auf 180 °C Unter- und Oberhitze vorheizen.

❻ Die Auberginenscheiben abwechselnd mit der Gemüsesauce in eine kleine Lasagneform (ca. 10 × 20 cm) schichten und mit der Cashewcreme abschließen. Im Ofen ca. 30 Minuten goldbraun backen.

❼ Mit den gerösteten Cashewkernen und Basilikumblättern garniert servieren.

Pro Portion: 785 kcal, 46 g F, 36 g EW, 53 g KH, 9 g BST
Zubereitungszeit: 30 min / Gar- und Backzeit: ca. 1 h / Gesamtzeit: 1 h 30 min / Schwierigkeitsgrad: mittel

Gefüllte Paprika mit Linsen und Feta

Für 2 Personen

80 g rote Linsen / 1 kleine Zucchini / 1 kleine rote Zwiebel / 1 Knoblauchzehe / 2 TL Olivenöl / 150 ml Gemüsebrühe / 2 kleine rote Paprikaschoten / Salz / Pfeffer aus der Mühle / 2 Stängel Petersilie / 1 TL Paprikapulver / 100 g Feta (in Bio-Qualität, mit mikrobiellem Lab)

1. Die Linsen in einem Sieb abbrausen und abtropfen lassen. Die Zucchini waschen, putzen, längs vierteln und in Scheiben schneiden. Die Zwiebel und den Knoblauch abziehen, den Knoblauch fein hacken und die Zwiebel in feine Streifen schneiden. Beides mit der Zucchini in einer Pfanne in 1 TL heißem Öl 2–3 Minuten anschwitzen. Aus der Pfanne nehmen und die Brühe angießen. Aufkochen lassen und die Linsen untermischen. Etwa 10 Minuten mit etwas Biss köcheln.

2. Den Ofen auf 180 °C Unter- und Oberhitze vorheizen.

3. Die Paprika abbrausen, halbieren und putzen. Die Hälften in eine Backform legen. Mit dem übrigen Öl bepinseln und mit Salz und Pfeffer würzen.

4. Die Petersilie abbrausen, trocken schütteln und grob hacken. Ein wenig zum Garnieren beiseitelegen. Das Gemüse mit der Petersilie unter die Linsen mischen, mit ½ TL Paprikapulver, Salz und Pfeffer würzen und in die Paprikahälften füllen. Den Feta darüberbröckeln und im Ofen ca. 20 Minuten backen.

5. Die gefüllte Paprika mit dem restlichen Paprikapulver bestäuben und mit der Petersilie garniert servieren.

Pro Portion: 365 kcal, 18 g F, 21 g EW, 26 g KH, 4 g BST
Vorbereitungszeit: 15 min / Garzeit: ca. 35 min / Gesamtzeit: 45 min /
Schwierigkeitsgrad: leicht

Vegan

Brokkoli-Taboulé mit frischer Minze

Für 2 Personen

100 g Bulgur / 250 g Brokkoli / Salz / 2 EL Cashewkerne / ½ Handvoll Minze / ½ Handvoll Petersilie / 100 g Sojajoghurt / 1 Knoblauchzehe / schwarzer Pfeffer aus der Mühle / 2 Frühlingszwiebeln / 1 EL Olivenöl / 1 EL Zitronensaft

1. Bulgur in einem Sieb abbrausen, dann in einem Topf mit ca. 200 ml Wasser mit Deckel etwa 10 Minuten köcheln. Von der Hitze nehmen, 5–10 Minuten ausquellen lassen.

2. Den Brokkoli abbrausen, putzen und in Röschen teilen. Den Stiel schälen und in Stücke schneiden. Zusammen in Salzwasser ca. 5 Minuten mit leichtem Biss gar kochen, abschrecken und gut abtropfen lassen. Zusammen mit den Cashewkernen in der Küchenmaschine krümelig zerkleinern.

3. Die Minze und die Petersilie abbrausen, trocken schütteln und einige Minzeblätter zum Garnieren abzupfen. Den Rest der Kräuter samt Stielen hacken und für den Dip etwas Petersilie unter den Sojajoghurt mischen. Den Knoblauch abziehen und dazupressen. Gut vermischen und mit Salz und Pfeffer abschmecken. Die Frühlingszwiebeln abbrausen, putzen und in feine Ringe schneiden.

4. In einer Schüssel das Öl mit dem Zitronensaft verquirlen. Die Brokkoli-Mischung, Bulgur, gehackte Kräuter und Frühlingszwiebeln untermengen und mit Salz und Pfeffer abschmecken.

5. Taboulé auf einer Platte anrichten und mit der Minze garnieren. Mit dem Dip servieren.

Pro Portion: 417 kcal, 16 g F, 17 g EW, 47 g KH, 10 g BST
Vorbereitungszeit: 20 min / Zubereitungszeit: 20 min / Gesamtzeit: 40 min / Schwierigkeitsgrad: leicht

Shakshuka

Für 2 Personen

1 kleine Zwiebel / 1 Knoblauchzehe / 1 kleine grüne Paprikaschote / 5 Tomaten / 1 EL Olivenöl / Salz / ½ TL gemahlener Kreuzkümmel / 1 TL Harissa / Pfeffer aus der Mühle / 4 Stängel Koriandergrün / Abrieb und etwas Saft von ½ Bio-Zitrone / 4 Eier (S)

1 Zwiebel und Knoblauch schälen und fein würfeln. Paprika waschen, halbieren, weiße Trennwände und Kerne entfernen. Die Hälften würfeln. Tomaten waschen und in Würfel schneiden, dabei den Stielansatz entfernen.

2 Das Öl in einer ofenfesten Pfanne (28 cm ⌀) erhitzen. Zwiebel und Knoblauch darin bei mittlerer Hitze in ca. 5 Minuten glasig dünsten. Paprika und Tomaten zufügen, salzen und zugedeckt in ca. 8 Minuten weich dünsten. Dabei gelegentlich umrühren.

3 Kreuzkümmel, Harissa und 100 ml Wasser unter das Gemüse rühren und alles offen in ca. 10 Minuten cremig einköcheln lassen.

4 Inzwischen den Backofen auf 200 °C vorheizen.

5 Koriandergrün waschen, trocken schütteln und samt Stielen hacken. Die Hälfte vom Koriandergrün mit dem Zitronenabrieb in die Sauce rühren. Mit Salz, Pfeffer und Zitronensaft abschmecken.

6 Vier Mulden in die Sauce drücken. Je 1 Ei hineinschlagen und im Ofen (Mitte) in 6–7 Minuten stocken lassen. Die Pfanne herausnehmen und die Shakshuka mit Pfeffer übermahlen. Mit dem übrigen Koriandergrün bestreuen. Dazu z. B. Fladenbrot servieren.

Pro Portion: 296 kcal, 19 g F, 16 g EW, 12 g KH, 5 g BST
Zubereitungszeit: 15 min / Garzeit: 30 min / Gesamtzeit: 45 min / Schwierigkeitsgrad: mittel

Gebratene Forelle mit Lauch und Dillblüten

Für 2 Personen

2 küchenfertige Forellen / Salz / schwarzer Pfeffer aus der Mühle / 2 Bio-Limetten / 4 Stängel Dill mit Blüten / 2 EL Weizenmehl (Type 550) / 4 EL Pflanzenöl / 30 g Butter / 1 Stange Lauch / ½ Handvoll Kerbel / 80 g Joghurt / 1 EL Mayonnaise / 1 EL Limettensaft

Tipp für Pescetarier: Achten Sie auf nachhaltig, artgerecht und lokal erzeugte Forellen.

1. Forellen abbrausen, trocken tupfen, salzen und pfeffern. 2 Stängel Dill samt Stiel und Blüten mit den dünnen Scheiben einer Limette in die Forellen füllen. Im Mehl wenden. Im heißen Öl ca. 10 Minuten goldbraun braten. Die Fische regelmäßig mit etwas Butter aus der Pfanne übergießen.

2. Den Lauch längs halbieren und in 10 cm lange Streifen schneiden. Ca. 5 Minuten in der restlichen Butter sanft gar dünsten.

3. Kerbel mit übrigem Dill fein hacken. Etwa die Hälfte mit Joghurt, Mayonnaise und Limettensaft verrühren. Würzen. In Schälchen füllen und mit Kräutern bestreuen. Die Forelle auf dem Lauch anrichten und mit den übrigen Kräutern bestreuen. Die zweite Limette halbieren und anlegen. Mit dem Kräuterdip servieren.

Pro Portion: 703 kcal, 47 g F, 44 g EW, 19 g KH, 4 g BST
Vorbereitungszeit: 20 min / Zubereitungszeit: 10 min / Gesamtzeit: 30 min / Schwierigkeitsgrad: einfach

Deep fried Mozzarella und Tomaten-Relish

Für 2 Personen

1 kleine Zwiebel / 1 Knoblauchzehe / 300 g grüne Tomaten / 1 Chilischote / 1 TL Pflanzenöl / 1 TL Zucker / 1 EL Apfelessig / Salz / schwarzer Pfeffer aus der Mühle / 2 Kugeln Mozzarella / 2 EL Mehl / 1 Ei / 60 g Panko / Pflanzenöl zum Frittieren

1 Für das Relish Zwiebel und Knoblauch abziehen und beides fein hacken. Tomaten und Chili abbrausen und putzen. Die Tomaten klein würfeln und die Chilischote fein hacken. Zwiebeln, Knoblauch und Chili in einem Topf im heißem Öl glasig anschwitzen. Mit dem Zucker bestreuen und leicht karamellisieren. Mit dem Essig ablöschen und die Tomaten untermischen. Kurz aufkochen, abkühlen lassen und mit Salz und Pfeffer abschmecken.

2 Den Mozzarella abtropfen lassen, halbieren, mit Salz und Pfeffer würzen und im Mehl wenden. Durch das verquirlte Ei ziehen und mit den Bröseln panieren. Im heißen Öl 2–3 Minuten goldbraun frittieren. Auf Küchenkrepp abtropfen lassen und mit dem Relish servieren.

Pro Portion: 734 kcal, 46 g F, 32 g EW, 44 g KH, 5 g BST
Vorbereitungszeit: 20 min / Zubereitungszeit: 10 min / Gesamtzeit: 30 min / Schwierigkeitsgrad: leicht

Bohnen-Zucchini-Quiche

Für 8 Stücke bzw. eine Quicheform (ca. 24 cm ø)

Für den Mürbeteig:
200 g Dinkelmehl (Type 812) / 1 Ei / 100 g Butter in Stücken, Butter für die Form / 1 Prise Salz

Für den Belag:
2 Zucchini / Salz / 200 g weiße Bohnen aus der Dose / 4 Stängel Thymian / 150 g Crème fraîche / 100 g Sahne / 3 Eier / 80 g geriebener Emmentaler / schwarzer Pfeffer aus der Mühle / Muskat

1 Für den Mürbeteig alle Zutaten rasch glatt verkneten und dabei nach Bedarf noch kaltes Wasser oder etwas Mehl ergänzen. Zu einer Kugel formen und in Frischhaltefolie gewickelt ca. 30 Minuten kalt stellen.

2 Den Ofen auf 180 °C Unter- und Oberhitze vorheizen. Die Quicheform (ca. 24 cm ø) mit Butter fetten.

3 Den Teig auswellen, in die Form legen und an Boden und Rand gut andrücken. Mit Backpapier und Backbohnen belegen und im Ofen ca. 10 Minuten blindbacken. Aus dem Ofen nehmen, Bohnen und Papier entfernen und den Teigboden etwas abkühlen lassen.

4 Für den Belag die Zucchini abbrausen und putzen. ½ Zucchini längs in dünne Streifen hobeln. Leicht salzen, Wasser ziehen lassen und trocken tupfen. Den Rest raspeln, mit 1 TL Salz vermengen und ebenfalls Wasser ziehen lassen. Anschließend in einem Sieb mit Wasser spülen und gut ausdrücken. Die Bohnen abgießen, abspülen und abtropfen lassen. Den Thymian waschen, trocken schütteln und einige Spitzen zum Garnieren beiseitelegen. Den Rest fein hacken. Mit der Crème fraîche, Sahne, Eiern und Käse verquirlen. Zucchiniraspel und Bohnen untermischen. Mit Salz, Pfeffer und Muskat würzen und die Masse in der Form verteilen. Die Zucchinischeiben zu kleinen Röllchen formen und in die Masse drücken. Die Quiche im Ofen ca. 45 Minuten goldbraun fertig backen. Mit dem übrigen Thymian garniert servieren.

Pro Portion: 392 kcal, 27 g F, 14 g EW, 24 g KH, 3 g BST
Vorbereitungszeit: 35 min / Kühlzeit: 30 min / Backzeit: 55 min / Gesamtzeit: 2 h / Schwierigkeitsgrad: mittel

Vegan

Burger mit Seitan-Hirse-Patty

Für 2 Burger

Für die Mojo verde:
1 grüne Jalapeño-Schote / ½ Handvoll Radieschenblätter / 2 Stängel Petersilie / 2 Stängel Koriandergrün / 1 Knoblauchzehe / 1 TL Olivenöl / 1 TL Weißweinessig / Kreuzkümmelpulver / Salz / Pfeffer aus der Mühle

Für die Pattys:
1 Möhre / 75 g Knollensellerie / 75 g Petersilienwurzel / 40 g Hirseflocken / 1 EL Hefeflocken / ½ TL Senf / 50 g Seitanpulver / Salz / Pfeffer aus der Mühle / 1 TL Pflanzenöl / 2 Champignons / 4 Radieschen / 2 Blatt Radicchio / 2 vegane Burgerbrötchen (à ca. 70 g) / 1 EL Sojasahne / 2 TL bunte Essblüten / 2 EL Sojajoghurt

❶ Für die Mojo die Jalapeño längs halbieren, entkernen, waschen und klein schneiden (am besten mit Handschuhen arbeiten!). Blätter und Kräuter waschen und trocken schleudern. Den Knoblauch schälen. Die vorbereiteten Zutaten mit Olivenöl, Essig und Kreuzkümmel im Blitzhacker oder mit dem Stabmixer pürieren. Mojo mit Salz und Pfeffer würzen.

❷ Den Ofen auf 180 °C Unter- und Oberhitze vorheizen.

❸ Für die Pattys das Gemüse putzen, schälen und grob schneiden. Die Gemüsemischung im Blitzhacker mit Hirse- und Hefeflocken hacken, bis die Masse fein und leicht feucht ist. Die Mischung in eine Schüssel umfüllen. Senf und Seitanpulver unterrühren und mit Salz und Pfeffer würzen. Etwa 100 ml kochendes Wasser darübergießen, zunächst mit dem Holzlöffel unterrühren, dann die Masse kräftig mit den Händen kneten. Mit Salz und Pfeffer abschmecken. Aus der Masse 2 Pattys formen und mit Öl bepinseln. Auf ein mit Backpapier belegtes Backblech legen und im Ofen auf der mittleren Schiene ca. 30 Minuten goldbraun backen.

❹ Die Champignons und Radieschen putzen, die Radieschen waschen. Beides in dünne Scheiben schneiden. Radicchio waschen, trocken schütteln und zerpflücken.

❺ Die Burgerbrötchen mit Sojasahne bepinseln und mit ein paar Essblüten bestreuen. Im Ofen kurz aufbacken. Anschließend waagrecht halbieren. Die Unterseiten mit dem Radicchio, Radieschen, Pilzen und Patty belegen. Mit Pfeffer übermahlen. Mojo verde und Sojajoghurt darübergeben und die Deckel wieder auflegen.

Pro Portion: 551 kcal, 15 g F, 36 g EW, 61 g KH, 9 g BST
Zubereitungszeit: 45 min / Garzeit: 30 min / Gesamtzeit: 1 h 15 min / Schwierigkeitsgrad: mittel

Spaghetti mit weißen Bohnen

Für 2 Personen

100 g weiße Bohnen, getrocknet / 2 Streifen Bio-Zitronenschale / 1 Lorbeerblatt / 200 g Vollkornspaghetti / Salz / 1 Knoblauchzehe / 1 Handvoll Basilikum / 150 g Kirschtomaten / 1 Frühlingszwiebel / 1 EL Olivenöl / 1 Schuss Weißwein / Pfeffer aus der Mühle / 80 g Ziegenfrischkäse mit Kräutern

1. Die Bohnen über Nacht in Wasser einweichen. Dann abgießen und abtropfen lassen. Nach Packungsanweisung in reichlich Wasser mit der Zitronenschale und Lorbeerblatt ca. 1 Stunde gar köcheln.

2. Inzwischen die Nudeln in Salzwasser al dente kochen.

3. Den Knoblauch abziehen und fein hacken. Das Basilikum abbrausen, trocken schütteln und ein paar Blätter zum Garnieren beiseitelegen. Den Rest samt Stielen klein schneiden. Die Tomaten abbrausen, putzen und halbieren. Die Frühlingszwiebel abbrausen, putzen und in feine Ringe schneiden. Zusammen mit dem Knoblauch in einer Pfanne im heißen Öl weich dünsten. Mit dem Wein ablöschen und die Tomaten mit wenig Nudelkochwasser ergänzen. Etwas einkochen lassen und mit Salz und Pfeffer abschmecken. Die Bohnen (ohne Würzzutaten) und die Nudeln abtropfen lassen und zusammen mit Basilikum unter die Tomaten mischen. Auf Teller anrichten und den Käse darüberbröckeln. Mit Basilikum garnieren.

Pro Portion: 685 kcal, 19 g F, 33 g EW, 89 g KH, 2 g BST
Vorbereitungszeit: 15 min / Zubereitungszeit: 1 h / Einweichen: 10 h / Gesamtzeit: 11 h 15 min / Schwierigkeitsgrad: leicht

Gefüllte Zucchini mit Orzo-Nudeln und Mais

Für 2 Personen

2 kleine Zucchini / Salz / bunter Pfeffer aus der Mühle / 2 EL Olivenöl / 150 g Orzo / 3 Stängel Majoran / 20 g Schnittlauch mit Blüten / 20 g Rucola / 20 g Babyspinat / 1 Schalotte / 1 Knoblauchzehe / 60 g Maiskörner (TK) / 2 EL Orangensaft

1. Den Backofen auf 180 °C Ober- und Unterhitze vorheizen.

2. Die Zucchini waschen, längs halbieren und leicht aushöhlen. Die Hälften auf ein Backblech legen, mit Salz und Pfeffer würzen und mit 1 EL Olivenöl bepinseln. Etwa 20 Minuten im Ofen backen.

3. Inzwischen die Orzo-Pasta in kochendem Salzwasser nach Packungsangabe gar kochen.

4. Das ausgeschabte Zucchini-Fruchtfleisch klein würfeln. Majoran, Schnittlauch, Rucola und Spinat abbrausen und trocken schütteln. Die Schnittlauchblüten und jeweils ein paar Kräuterblätter zum Garnieren beiseitelegen, den Rest grob hacken.

5. Die Schalotte und den Knoblauch abziehen und beides fein hacken. Zusammen in einer Pfanne in 1 EL heißem Öl glasig anschwitzen. Das Zucchini-Fruchtfleisch zugeben und alles zusammen leicht goldbraun braten. Den Mais untermischen und mit Salz und Pfeffer würzen. Die abgetropften Nudeln mit den Kräutern und Spinat untermischen und mit Orangensaft abschmecken. Alles in die Zucchinihälften füllen und mit den übrigen Kräutern, Blüten und Spinat garnieren.

Pro Portion: 488 kcal, 17 g F, 14 g EW, 66 g KH, 4 g BST
Vorbereitungszeit: 20 min / Zubereitungszeit: 20 min / Gesamtzeit: 40 min / Schwierigkeitsgrad: leicht

Herbst

Steckrübensuppe mit Gemüsechips

Für 2 Personen

250 g Steckrüben / 50 g Rote Bete / 2 EL Olivenöl / Salz / 1 Zwiebel / 1 Möhre / 100 g mehligkochende Kartoffeln / 500 ml Gemüsebrühe / 80 g Sahne / 2 Stängel Thymian / 1 EL Zitronensaft / weißer Pfeffer aus der Mühle

1 Den Ofen auf 180 °C Umluft vorheizen.

2 Die Steckrüben und die Rote Bete schälen. Etwa 50 g der Steckrüben und die Rote Bete in dünne Scheiben hobeln. Auf ein mit Backpapier belegtes Backblech legen, mit 1 EL Öl bepinseln und im Ofen ca. 30 Minuten goldbraun rösten. Die Chips leicht salzen und abkühlen lassen.

3 Die übrige Steckrübe klein würfeln. Zwiebel, Möhre und Kartoffeln schälen und alles klein würfeln. Die Gemüsewürfel in einem Topf in 1 EL heißem Öl farblos anschwitzen. Die Brühe mit 40 g Sahne angießen und die Suppe etwa 20 Minuten köcheln.

4 Den Thymian abbrausen, trocken schütteln und die Blätter abzupfen. Die Stängel während der letzten 5 Minuten mit zur Suppe geben, dann wieder entfernen. Die Suppe pürieren und durch ein feines Sieb passieren. Erneut aufkochen und nach Bedarf noch etwas einkochen lassen oder Wasser ergänzen. Mit Zitronensaft, Salz und Pfeffer abschmecken und auf Schälchen verteilen. Mit der übrigen Sahne garnieren und ein paar Chips darüberbröseln. Mit dem Thymian bestreut servieren. Die übrigen Chips dazureichen.

Pro Portion: 417 kcal, 33 g F, 5 g EW, 22 g KH, 6 g BST
Vorbereitungszeit: 20 min / Backzeit: 30 min / Zubereitungs-/Garzeit: 25 min / Gesamtzeit: 1 h 15 min / Schwierigkeitsgrad: leicht

Röstbrot mit Birne, Brie und Radicchiosalat

Für 2 Personen

1 EL Pekannüsse / ½ Radicchio / 2 EL Zitronensaft / 3 TL Olivenöl / 1 TL Honig / Salz / Pfeffer aus der Mühle / 2 Scheiben Roggenmischbrot / 1 Birne / 80 g Brie / ½ TL rosa Pfefferbeeren / 2 Stängel Thymian /

1. Für den Salat die Pekannüsse grob hacken. Den Radicchio putzen, waschen, trocken schütteln und in dünne Streifen schneiden. Den Zitronensaft mit 2 TL Öl, Honig, Salz und Pfeffer verquirlen und etwa die Hälfte unter den Radicchio und die Nüsse mischen. Abschmecken.

2. Den Backofen auf Grillstufe vorheizen.

3. Die Brotscheiben auf beiden Seiten mit Öl bepinseln, auf ein Backblech legen und im Ofen auf einer Seite goldbraun rösten.

4. Inzwischen die Birne waschen, halbieren, entkernen und in dünne Scheiben oder Spalten schneiden. Die Brotscheiben wenden, mit den Birnenstücken belegen und mit 1 EL vom übrigen Dressing beträufeln. Zurück unter dem Grill golden bräunen lassen.

5. Den Brie in Spalten oder Scheiben schneiden, auf die Birnen legen und kurz unter dem Grill heiß werden lassen. Auf einer Platte anrichten und mit dem restlichen Dressing beträufeln. Mit rosa Pfefferbeeren bestreuen, mit Thymian garnieren und mit dem Salat servieren.

Pro Portion: 376 kcal, 21 g F, 14 g EW, 30 g KH, 6 g BST
Zubereitungszeit: 15 min / Garzeit ca.: 10 min / Gesamtzeit: 25 min /
Schwierigkeitsgrad: leicht

Vegan

Spitzkohl-Slaw mit Lupinenfilet

Für 2 Personen

250 g Spitzkohl / 1 Stange Staudensellerie / 1 Gärtnergurke / ½ Handvoll Petersilie / 1 EL Tahini / 2 EL Zitronensaft / 1 TL Honig / Salz / Pfeffer aus der Mühle / 2 EL Olivenöl / 2 Stück Lupinenfilets (200 g)

1. Den Spitzkohl putzen, waschen, den harten Strunk entfernen und den Spitzkohl in feine Streifen schneiden. Den Sellerie und die Gurke putzen, waschen und beides in dünne Scheiben schneiden. Die Petersilie waschen, trocken tupfen, einige Blätter zum Garnieren abzupfen und den Rest fein hacken.

2. Für das Dressing in einer Salatschüssel Tahini, Zitronensaft, 2 EL Wasser, Honig, Salz, Pfeffer und 1 EL Öl mit dem Schneebesen glatt verrühren. Kohlstreifen, Sellerie, Gurke und gehackte Petersilie hinzufügen und alles gut vermengen. Den Spitzkohl-Slaw ca. 10 Minuten ziehen lassen.

3. Inzwischen die Lupinenfilets trocken tupfen und in einer beschichteten Pfanne im übrigen Öl auf beiden Seiten 4–5 Minuten goldbraun braten. Herausnehmen und in dünne Scheiben schneiden. Zum Servieren den Spitzkohl-Slaw auf Teller verteilen und das Lupinenfilet daraufsetzen. Mit Petersilienblättern garnieren.

Pro Portion: 610 kcal, 27 g F, 54 g EW, 27 g KH, 22 g BST
Vorbereitungszeit: 15 min / Ruhezeit: 10 min / Zubereitungs-/Garzeit: 5 min / Gesamtzeit: 30 min / Schwierigkeitsgrad: leicht

Vegan

Würzige Linsensuppe mit Kichererbsen

Für 2 Personen

1 Möhre / 1 rote Zwiebel / 1 Knoblauchzehe / 1 TL Olivenöl / 1 EL Tomatenmark / 500 ml Gemüsebrühe / 100 g Berglinsen / 200 g stückige Tomaten / ½ orange Paprika / 120 g Schwarzkohl / 60 g Kichererbsen aus der Dose / 1 Stängel Petersilie / 1 EL Sojasauce / 1 EL Zitronensaft / Salz / Kreuzkümmelpulver / Cayennepfeffer / 1 TL Sesam

1. Möhre in Scheiben schneiden, eine halbe Zwiebel zum Garnieren in feine Streifen schneiden – den Rest klein würfeln. Knoblauch fein hacken. Im heißen Öl weich dünsten, Tomatenmark kurz mitschwitzen. Brühe angießen. Die Linsen in einem Sieb abbrausen und mit den Tomaten in den Topf geben. Etwa 20 Minuten köcheln lassen.

2. Paprika würfeln, Schwarzkohlblätter in Streifen schneiden. Kichererbsen abbrausen. Alles zu den Linsen geben und zusammen ca. 10 Minuten gar köcheln.

3. Die Suppe mit Sojasauce, Zitronensaft, Salz, Kreuzkümmel und Cayennepfeffer abschmecken. Auf Suppenteller verteilen und mit den Zwiebeln und Petersilie bestreuen. Mit dem Sesam garniert servieren.

Pro Portion: 417 kcal, 11 g F, 22 g EW, 48 g KH, 14 g BST
Vorbereitungszeit: 15 min / Zubereitungs-/Garzeit: 35 min / Gesamtzeit: 50 min / Schwierigkeitsgrad: leicht

Vegan

Gemüse-Pommes mit Ketchup

Für 2 Personen

500 g gemischtes Gemüse (z. B. Knollensellerie, Kohlrabi, Pastinake, Kartoffel, Süßkartoffel, Möhre, lila Kartoffel, Rote Bete) / Salz / 2 EL Olivenöl / 3 Stängel Thymian / Pfeffer aus der Mühle / 60 g Ketchup

1 Das Gemüse waschen, schälen und in fingerdicke Stifte schneiden. In Salzwasser ca. 2 Minuten blanchieren, abschrecken und trocken tupfen. Mit dem Öl und zerpflücktem Thymian vermengen und mit Salz und Pfeffer würzen.

2 Auf einem mit Backpapier belegten Backblech verteilen und im Ofen ca. 30 Minuten goldbraun backen. Zwischendurch wenden. Gegen Backzeitende die Temperatur, falls nötig, etwas erhöhen und die Pommes bräunen lassen. Dazu Ketchup servieren.

Pro Portion: 329 kcal, 16 g F, 4 g EW, 39 g KH, 6 g BST
Zubereitungszeit: 15 min / Garzeit ca.: 32 min / Gesamtzeit: 47 min / Schwierigkeitsgrad: leicht

Vegan

Süßkartoffel-Chili-Curry mit Brokkoli

Für 2 Personen

½ Bund Koriandergrün mit Wurzeln / 2 Knoblauchzehen / 1 kleine Zwiebel / 1 rote Chilischote / 1 Süßkartoffel (ca. 400 g) / 250 g vollreife Tomaten / 1 EL Sonnenblumenöl / 1 EL mildes Currypulver / 200 ml Kokosmilch / Salz / Pfeffer aus der Mühle / 300 g Brokkoli

❶ Den Koriander waschen, putzen, vom Grün die Blätter abzupfen, die Stängel und die Wurzeln fein hacken. Den Knoblauch schälen und fein hacken. Die Zwiebel schälen und in dünne Spalten schneiden. Die Chilischote waschen, längs aufschneiden, entkernen und ohne den Stielansatz in feine Streifen schneiden. Die Süßkartoffel schälen und in 1½–2 cm große Würfel schneiden. Die Tomaten waschen und ebenfalls in Würfel schneiden, dabei die Stielansätze entfernen.

❷ Das Öl in einem Topf erhitzen. Die Süßkartoffel darin unter Rühren ca. 5 Minuten andünsten. Knoblauch, Zwiebel, Korianderwurzeln, -stängel und Chili dazugeben und alles 2–3 Minuten weiterdünsten. Das Currypulver einrühren und kurz mit anschwitzen. 2 EL Tomatenwürfel zum Garnieren beiseitelegen. Übrige Tomaten, Kokosmilch sowie ca. 150 ml Wasser in den Topf geben und alles vermengen. Aufkochen, mit Salz und Pfeffer würzen und anschließend zugedeckt bei mittlerer Hitze 5–6 Minuten köcheln lassen. Währenddessen ab und zu umrühren.

❸ Inzwischen den Brokkoli putzen, waschen und in kleine Röschen schneiden, den Stiel schälen und in kleine Würfel schneiden. Die Brokkoliröschen und -stiele in den Topf geben und das Curry 6–7 Minuten fertig garen. Mit Salz und Pfeffer abschmecken.

❹ Zum Servieren mit den beiseitegelegten Tomatenwürfeln und Korianderblättern garnieren.

Pro Portion: 630 kcal, 33 g F, 13 g EW, 62 g KH, 13 g BST
Vorbereitungszeit: ca. 20 min / Garzeit: ca. 20 min

Vegan

Steckrüben-Spaghetti mit Buchweizen

Für 2 Personen

500 g Steckrübe / Salz / 75 g gerösteter Buchweizen, geschält / 1 Schalotte / 1 Knoblauchzehe / 2 TL Olivenöl / 250 ml Gemüsebrühe / 200 g Pfifferlinge / 4 Stängel Thymian / 2 Stängel Petersilie / Pfeffer aus der Mühle

1. Die Steckrübe schälen und mit einem Spiralschneider in lange, dünne Streifen schneiden. In kochendem Salzwasser ca. 3 Minuten mit Biss blanchieren, abschrecken und abtropfen lassen.

2. Den Buchweizen in Salzwasser ca. 10 Minuten vorgaren und gut abtropfen lassen.

3. Schalotte und Knoblauch schälen und fein würfeln. In einem Topf 1 TL Öl erhitzen und die Schalotten- und Knoblauchwürfel darin hell anschwitzen. Buchweizen zugeben, kurz mit anbraten, dann mit etwas Brühe ablöschen und unter gelegentlichem Rühren in ca. 10 Minuten fertig garen, dabei nach und nach die übrige Brühe angießen.

4. Inzwischen die Pfifferlinge putzen, bei Bedarf kurz abbrausen und trocken tupfen. In einer Pfanne das restliche Öl erhitzen und die Pilze darin bei starker Hitze ca. 5 Minuten goldbraun braten.

5. Thymian und Petersilie abbrausen, trocken schütteln und grob zerpflücken. Gemüsespaghetti und Buchweizen mit den Kräutern unter die Pilze mischen und alles zusammen kurz gar ziehen lassen. Mit Salz und Pfeffer abschmecken.

Pro Portion: 322 kcal, 9 g F, 10 g EW, 43 g KH, 13 g BST
Vorbereitungszeit: 20 min / Zubereitungs-/Garzeit: 30 min / Gesamtzeit: 50 min / Schwierigkeitsgrad: leicht

Wirsingspalten mit Kräuterremoulade

Für 2 Personen

3 TL Pflanzenöl / ½ Wirsing / Salz / Pfeffer aus der Mühle / 1 TL Paprikapulver / 1 Ei / 2 Essiggurken / 1 kleiner Apfel / 20 g Schnittlauch / 1 EL Mayonnaise / 100 g Joghurt / 1 EL Apfelessig

1. Den Backofen auf 180 °C Unter- und Oberhitze vorheizen. Eine Backform mit Öl auspinseln.

2. Den Wirsing waschen, putzen und in Spalten schneiden. In die Form legen. Mit 2 TL Öl bepinseln, mit Salz, Pfeffer und ½ TL Paprikapulver würzen. Ein wenig Wasser angießen und mit Backpapier belegen. Im Ofen ca. 35 Minuten backen. Dabei nach ca. 15 Minuten das Papier abnehmen und den Wirsing leicht bräunen lassen.

3. Inzwischen für die Remoulade das Ei ca. 10 Minuten hart kochen, abschrecken, pellen und klein würfeln. Die Essiggurken abtropfen lassen und ebenfalls klein würfeln. Den Apfel waschen, entkernen und ebenfalls in Würfelchen schneiden. Den Schnittlauch abbrausen, trocken schütteln und in feine Röllchen schneiden. Die Mayonnaise mit dem Joghurt, Essig, Salz und Pfeffer verrühren und das Ei mit der Gurke, Apfel und der Hälfte vom Schnittlauch untermischen und abschmecken. In ein Schälchen füllen und ein wenig von der Remoulade über den Wirsing träufeln. Mit restlichem Paprikapulver und Schnittlauch bestreut servieren.

Pro Portion: 304 kcal, 18 g F, 12 g EW, 19 g KH, 8 g BST
Vorbereitungszeit: 25 min / Zubereitungs-/Garzeit: 35 min / Gesamtzeit: 1 h / Schwierigkeitsgrad: leicht

Schwarzwurzel-Bohnen-Eintopf mit Röstbrot

Für 2 Personen

1 Zwiebel / 400 g Hokkaido / 3 TL Olivenöl / 600 ml Gemüsebrühe / ½ TL Kurkumapulver / Salz / Pfeffer aus der Mühle / 250 g Schwarzwurzeln / 100 g frische dicke Bohnen / 4 Stängel Thymian / 4 Stängel Basilikum / 80 g getrocknete Tomaten in Öl / 1 Knoblauchzehe / 2 EL geröstete Pinienkerne / 2 Scheiben Graubrot / 2 EL gehobelter Bergkäse

1. Die Zwiebel schälen und fein würfeln. Den Kürbis waschen, Fasern und Kerne entfernen und das Fruchtfleisch in mundgerechte Würfel schneiden. Zusammen mit den Zwiebeln in einem Topf in 1 TL heißem Öl kurz anschwitzen. Die Brühe angießen und mit Kurkuma, Salz und Pfeffer würzen. Etwa 10 Minuten köcheln lassen.

2. Inzwischen die Schwarzwurzeln waschen, schälen und schräg in 2–3 cm breite Stücke schneiden. Zum Eintopf geben und weitere ca. 10 Minuten köcheln. Die dicken Bohnen abbrausen, abtropfen lassen, mit in den Topf geben und alles zusammen weitere ca. 5 Minuten fertig garen.

3. Die Kräuter abbrausen, trocken schütteln und grob zerpflücken. Ein wenig Basilikum zum Garnieren beiseitelegen, den Rest mit den abgetropften Tomaten, geschältem Knoblauch, Pinienkernen und 2 TL Öl pürieren. Evtl. etwas Wasser ergänzen. Das Pesto mit Salz und Pfeffer abschmecken.

4. Die Brotscheiben knusprig rösten. Mit Pesto bestreichen und in die Suppenteller legen. Den Eintopf abschmecken und vorsichtig darübergießen. Mit den Kräutern und dem Käse bestreuen und das übrige Pesto dazureichen.

Pro Portion: 619 kcal, 33 g F, 20 g EW, 43 g KH, 34 g BST
Vorbereitungszeit: 30 min / Zubereitungs-/Garzeit: 30 min / Gesamtzeit: 1 h / Schwierigkeitsgrad: mittel

Gebackener Blumenkohl mit Trüffelbutter

Für 2 Personen

2 kleine Blumenkohl à ca. 400 g / 20 g Sommertrüffel / 40 g Butter / Meersalz / schwarzer Pfeffer aus der Mühle / 2 EL Zitronensaft / 2 Stängel Estragon / 2 EL Pinienkerne / 1 EL Olivenöl

1. Den Ofen auf 200 °C Unter- und Oberhitze vorheizen.

2. Den Blumenkohl abbrausen, ein paar grüne Blätter abzupfen, den Rest am Kohl belassen. Den Strunk gerade abschneiden und den Blumenkohl auf ein Backblech legen. Die Hälfte der Trüffel fein reiben und mit Butter, Salz, Pfeffer und 1 EL Zitronensaft verrühren. Den Blumenkohl mit der Hälfte der Butter bepinseln, ein wenig Wasser angießen und mit Backpapier abdecken.

3. Im Ofen ca. 15 Minuten backen. Das Papier abnehmen und den Kohl mit der übrigen Butter bepinseln. Zurück im Ofen weitere ca. 15 Minuten goldbraun fertig backen.

4. Für den Dip den Estragon abbrausen und trocken schütteln. Ein paar Blätter zum Garnieren beiseitelegen. Den Rest mit den Abschnitten vom Blumenkohl, den grob gehackten Blättern, den Pinienkernen, 1 EL Zitronensaft und Öl fein pürieren. Evtl. etwas Wasser ergänzen. Mit Salz und Pfeffer abschmecken.

5. Die übrige Trüffel über den Blumenkohl reiben, mit Estragonblättern garnieren und mit dem Dip servieren.

Pro Portion: 430 kcal, 33 g F, 15 g EW, 12 g KH, 14 g BST
Vorbereitungszeit: 15 min / Backzeit: 30 min / Gesamtzeit: 14 min / Schwierigkeitsgrad: leicht

Gefüllter Butternutkürbis

Für 2 Personen

1 Schalotte / 1 Knoblauchzehe / 2 Stängel Thymian / 2 Zweige Rosmarin / 100 g Babyspinat / 2 TL Olivenöl / 1 Butternutkürbis (ca. 1 kg) / ½ Bio-Zitrone, Saft und Abrieb / Salz / Pfeffer aus der Mühle / 30 g Walnüsse / 30 g geriebener Hartkäse / 60 g körniger Frischkäse

1. Schalotte und Knoblauch schälen und beides fein würfeln. Thymian, Rosmarin und Spinat abbrausen, trocken schütteln und grob hacken. Schalotte und Knoblauch in einer Pfanne in 1 TL heißem Öl glasig anschwitzen. Spinat zugeben und zusammenfallen lassen. In einer Schüssel etwas abkühlen lassen.

2. Backofen auf 180 °C Ober- und Unterhitze vorheizen.

3. Den Kürbis waschen, längs halbieren und die Kerne mit den Fasern ausschaben. Auf ein mit Backpapier belegtes Backblech legen. Mit dem restlichen Öl bepinseln, mit dem Zitronensaft beträufeln und mit Salz und Pfeffer würzen.

4. Die Walnüsse klein hacken und mit den Kräutern, Hartkäse und Frischkäse unter den Spinat mischen. Mit Zitronenabrieb, Salz und Pfeffer abschmecken und in die Kürbishälften füllen. Im Ofen ca. 45 Minuten goldbraun backen.

Pro Portion: 351 kcal, 22 g F, 16 g EW, 17 g KH, 8 g BST
Vorbereitungszeit: 20 min / Zubereitungs-/Garzeit: 10 min / Backzeit: 40 min / Gesamtzeit: 1 h 10 min / Schwierigkeitsgrad: leicht

Vegan

Mandelmus-Crêpes auf Kichererbsenmus

Für 2 Personen

100 g getrocknete Kichererbsen / 40 g Cashewkerne / 1 Schalotte / 1 Knoblauchzehe / 2 EL Olivenöl / 60 ml Gemüsebrühe / 1 EL Tahini / 2 EL Zitronensaft / Salz / Pfeffer aus der Mühle / 2 Frühlingszwiebeln / 1 Möhre / ½ Zucchini / 50 g Weizenvollkornmehl / 2 EL Mandelmus / ½ TL Backpulver / 100 ml Mandeldrink / 1 TL Kurkumapulver / 4 EL spritziges Mineralwasser / 4 Stängel Koriandergrün

❶ Die Kichererbsen über Nacht in Wasser einweichen. Am nächsten Tag abgießen und abtropfen lassen. In einem Topf mit Wasser ca. 1½ Stunden weich kochen.

❷ Die Cashewkerne in einem Topf goldbraun rösten. Herausnehmen und abkühlen lassen. Die Schalotte und den Knoblauch abziehen und beides fein würfeln. Zusammen im Topf in 1 TL heißem Öl leicht goldbraun braten. Die Brühe angießen und aufkochen. Die abgetropften Kichererbsen zugeben und alles mit Tahini und 2 EL der Cashewkerne cremig pürieren. Das Kichererbsenmus mit 1 EL Zitronensaft, Salz und Pfeffer abschmecken.

❸ Für das Gemüse die Frühlingszwiebeln, Möhre und Zucchini abbrausen und putzen. Die Frühlingszwiebeln in 8–10 cm lange Stücke schneiden, die Möhre und Zucchini in ebenso lange Stifte. Das Gemüse zusammen in einer Pfanne in 1 TL heißem Öl ungefähr 2–3 Minuten anrösten. Etwas Wasser angießen, mit Salz und Pfeffer würzen und einige Minuten gar dünsten. Die Flüssigkeit offen wieder einkochen lassen.

❹ Für die Crêpes Mehl, Mandelmus, Backpulver, Mandeldrink, Kurkuma und 1 Prise Salz glatt rühren. Das Mineralwasser untermischen und daraus in einer weiteren Pfanne in jeweils 1 TL heißem Öl 2 dünne Pfannkuchen ausbacken.

❺ Das Koriandergrün abbrausen, trocken schütteln und ein paar Blätter zum Garnieren abzupfen. Den Rest mit dem übrigen Öl und 1 EL Zitronensaft pürieren. Die restlichen Cashewkerne hacken.

❻ Das Röstgemüse in die Crêpes füllen, falten und auf dem Kichererbsenmus anrichten. Mit dem Korianderöl beträufeln, mit Pfeffer übermahlen und mit den Cashewkernen und Koriandergrün garnieren.

Pro Portion: 735 kcal, 42 g F, 24 g EW, 55 g KH, 18 g BST
Vorbereitungszeit: 30 min / Ruhezeit: 12 h / Zubereitungs-/Garzeit: 1 h 50 min / Gesamtzeit: 14 h 20 min / Schwierigkeitsgrad: mittel

Walnuss-Sellerie-Schnitzel mit Frischkäse

Für 2 Personen

400 g Knollensellerie / Salz / 30 g Walnusskerne / 50 g Vollkornsemmelbrösel / 2 EL geriebener Hartkäse / 2 Eier (S) / 3 TL Zitronensaft / Pfeffer aus der Mühle / 2 EL Dinkelmehl (Type 630) / 2 EL Pflanzenöl / 1 Möhre / 1 Kästchen bunte Gartenkresse / ½ TL Zitronenabrieb / 150 g körniger Frischkäse

1. Den Sellerie putzen, schälen, waschen und in etwa 1 cm dicke Scheiben schneiden. Die Selleriescheiben in kochendem Salzwasser 4–5 Minuten bissfest garen. Herausnehmen, abschrecken und mit Küchenpapier trocken tupfen. Für die Panade die Walnüsse klein hacken und mit den Bröseln und Hartkäse vermischen. Die Eier verquirlen. Die Selleriescheiben mit 2 TL Zitronensaft beträufeln und mit Salz und Pfeffer würzen. Erst im Mehl, dann im Ei wenden und mit den Walnuss-Bröseln panieren. Die Schnitzel in einer Pfanne im heißen Öl auf beiden Seiten jeweils 4–5 Minuten goldbraun braten.

2. Inzwischen die Möhre schälen und fein raspeln. Die Kresse abschneiden und etwa die Hälfte davon mit den Möhren und Zitronenabrieb unter den Frischkäse mischen. Mit 1 TL Zitronensaft, Salz und Pfeffer abschmecken.

3. Die Schnitzel auf Küchenpapier abtropfen lassen und mit dem Möhren-Frischkäse in Schälchen servieren. Mit der übrigen Kresse garnieren.

Pro Portion: 677 kcal, 41 g F, 33 g EW, 39 g KH, 12 g BST
Zubereitungszeit: 30 min / Garzeit: ca. 15 min / Schwierigkeitsgrad: leicht

Vegan

Buchweizenknödel mit Zucchini und Kräutern

Für 2 Personen

75 g schwarzer Reis / 60 g Buchweizen / 2 Zweige Rosmarin / 2 Stängel Thymian / 3 Stängel Petersilie / ½ Zucchini / 150 g Kichererbsen aus der Dose / 100 g Erbsen / Salz / 1 Ei / Pfeffer aus der Mühle / 30 g Kichererbsenmehl (oder nach Bedarf) / 3 EL Pflanzenöl / 1 Möhre / 1 Baby-Bunte-Bete / 75 g Knollensellerie / 1 kleine gelbe Paprika / ½ Handvoll Sprossen / 1 EL Zitronensaft

1 Den Reis nach Packungsanweisung gar kochen. Etwa 30 g vom Buchweizen fein mahlen. Die Kräuter abbrausen, trocken schütteln und grob zerpflücken. Ein wenig zum Garnieren beiseitelegen, den Rest fein hacken. Die Zucchini abbrausen, putzen und fein raspeln. Gut ausdrücken. Die Kichererbsen in einem Sieb abbrausen und abtropfen lassen. Die Erbsen in Salzwasser kurz blanchieren und abschrecken.

2 Etwa 100 g der Kichererbsen mit 50 g der Erbsen, Zucchini, dem gemahlenen Buchweizen, gehackten Kräutern, Ei, Salz und Pfeffer zu einer formbaren Masse verkneten. Dabei nach Bedarf Kichererbsenmehl ergänzen. Zu etwa 8 kleinen Bällchen formen und im übrigen Buchweizen wälzen. Rollen und eindrücken und in einer Pfanne in 2 EL heißem Öl rundherum ca. 10 Minuten goldbraun braten.

3 Inzwischen die Möhre, Bete und Sellerie schälen. Die Möhre und Sellerie in Stifte schneiden und die Bete in feine Scheiben. Die Paprika abbrausen, halbieren, putzen und klein würfeln. Alles zusammen in einer Pfanne im übrigen Öl 4–5 Minuten anschwitzen. Etwas Wasser angießen und mit Deckel ca. 5 Minuten mit leichtem Biss gar dünsten. Die restlichen Kichererbsen und Erbsen mit den abgebrausten Sprossen, Reis und Kräutern untermischen, offen gar ziehen lassen und mit Zitronensaft, Salz und Pfeffer abschmecken. Mit den Bällchen anrichten und servieren.

Pro Portion: 746 kcal, 28 g F, 27 g EW, 88 g KH, 16 g BST
Vorbereitungszeit: 25 min / Zubereitungs-/Garzeit: 35 min / Gesamtzeit: 1 h / Schwierigkeitsgrad: mittel

Vollkornrigatoni mit Steinpilzen

Für 2 Personen

250 g Vollkornrigatoni / Salz / 1 Schalotte / 1 Knoblauchzehe / 4 Stängel Thymian / 2 Stängel Petersilie / 200 g Steinpilze / 2 EL Sonnenblumenkerne / 20 g getrocknete Tomaten in Öl / 1 EL Rapsöl / 1 Schuss Weißwein / 80 g Blauschimmelkäse / ½ TL Paprikapulver / Pfeffer aus der Mühle

1. Die Rigatoni 10–15 Minuten in Salzwasser gar kochen.

2. Inzwischen die Schalotte und Knoblauch abziehen und beides fein würfeln. Den Thymian und die Petersilie waschen, trocken schütteln und beides grob hacken. Die Pilze putzen und klein schneiden. Die Sonnenblumenkerne grob hacken. Die Tomaten in Streifen schneiden.

3. Schalotte und Knoblauch in einer Pfanne im heißen Öl glasig anschwitzen. Die Pilze zugeben und alles zusammen 2–3 Minuten goldbraun braten. Mit dem Wein ablöschen und etwas einkochen lassen. Ein wenig Nudelkochwasser angießen und 40 g vom Käse dazubröseln. Alles mit der Hälfte der Kräuter, den Tomaten und den Sonnenblumenkernen gut vermischen, cremig köcheln lassen und mit Paprikapulver, Salz und Pfeffer abschmecken.

4. Die Rigatoni abtropfen lassen und unterschwenken. Auf Teller verteilen und den übrigen Käse darüberbröseln. Mit den restlichen Kräutern bestreuen.

Pro Portion: 786 kcal, 28 g F, 34 g EW, 92 g KH, 8 g BST
Vorbereitungszeit: 15 min / Zubereitungs-/Garzeit: 12 min / Gesamtzeit: 27 min / Schwierigkeitsgrad: leicht

Winter

Gratinierte Zwiebel-Apfel-Suppe

Für 2 Personen

3 Zwiebeln / 1 Knoblauchzehe / 1 kleiner Apfel / 4 Stängel Thymian / 1 TL Pflanzenöl / 400 ml Gemüsebrühe / 100 ml Apfelwein / 2 Scheiben Toastbrot / Salz / Pfeffer aus der Mühle / 40 g geriebener Käse (z. B. Bergkäse oder Emmentaler)

1 Die Zwiebeln, Knoblauch und Apfel schälen, die Zwiebeln in feine Ringe schneiden, den Knoblauch klein hacken, den Apfel entkernen und fein würfeln. Den Thymian abbrausen, trocken schütteln und zerpflücken.

2 Die Zwiebeln in einem Topf im heißen Öl langsam weich dünsten. Den Knoblauch und den Apfel zugeben und alles zusammen leicht goldbraun braten. Die Brühe mit dem Apfelwein angießen und etwa 10 Minuten leise köcheln lassen.

3 Den Ofen auf Grillfunktion vorheizen.

4 Aus den Toastscheiben zwei Kreise im Durchmesser von ofenfesten Förmchen (z. B. Mini-Cocottes, 10–12 cm Durchmesser) ausstechen und goldbraun toasten.

5 Etwa die Hälfte vom Thymian zur Suppe geben und mit Salz und Pfeffer abschmecken. In die Förmchen füllen und mit den Toastscheiben belegen.
Mit dem Käse bestreuen und unter dem heißen Grill kurz gratinieren. Mit dem übrigen Thymian garniert servieren.

Pro Portion: 292 kcal, 13 g F, 9 g EW, 26 g KH, 4 g BST
Vorbereitungszeit: 15 min / Zubereitungs-/Garzeit: 25 min / Gesamtzeit: 40 min / Schwierigkeitsgrad: leicht

STAUB
STAUB
STAUB
STAUB
STAUB
STAUB

Feldsalat mit Orangen und Mozzarella

Für 2 Personen

1 EL Kürbiskerne / 1 EL Sonnenblumenkerne / 1 EL Pinienkerne / 2 Orangen / 1 EL Balsamico / 1 TL Honig / 1 EL Kürbiskernöl / 1 EL Traubenkernöl / Salz / Chiliflocken / 75 g Feldsalat / 75 g Rucola / 125 g Mini-Mozzarella

1. Alle Kerne in einer Pfanne goldbraun rösten. Abkühlen lassen und grob hacken.

2. Die Orangen mit einem Messer schälen und dabei die weiße Haut entfernen. Die Filets herausschneiden und in Stücke schneiden. Den Saft vom übrigen Fruchtfleisch ausdrücken und für das Dressing mit dem Essig, Honig, Ölen, Salz und Chili verquirlen.

3. Feldsalat und Rucola gründlich putzen, waschen und trocken schleudern. Den Mozzarella abtropfen lassen.

4. Die Salatblätter mit dem Mozzarella und den Orangenstücken locker unter das Dressing mischen, abschmecken und auf Teller anrichten. Mit den Kernen bestreuen und z. B. mit Röstbrot servieren.

Pro Portion: 541 kcal, 39 g F, 23 g EW, 21 g KH, 6 g BST
Vorbereitungszeit: 20 min / Garzeit: 3 min / Gesamtzeit: 23 min / Schwierigkeitsgrad: leicht

Vegan

Bunte Wintersuppe mit Graupen

Für 2 Personen

2 Möhren / 100 g Petersilienwurzeln / 200 g Wirsing / 2 Stangen Staudensellerie / 1 kleine Stange Lauch / 1 TL Rapsöl / 75 g Gerstengraupen / 600 ml Gemüsebrühe / 100 g weiße Bohnen aus der Dose / 20 g Meerrettichwurzel / 1 EL Apfelessig / Salz / Pfeffer aus der Mühle

1. Die Möhren und Petersilienwurzeln schälen und klein würfeln. Wirsing und Sellerie abbrausen und putzen. Wirsing in Streifen und den Sellerie in feine Scheiben schneiden. Den Lauch putzen, längs halbieren, waschen und in dünne Scheiben schneiden.

2. Das Gemüse zusammen in einem Topf im heißen Öl 2–3 Minuten anschwitzen. Die Graupen kurz mitbraten und die Brühe angießen. Etwa 25 Minuten gar köcheln. Die Bohnen in einem Sieb abbrausen, abtropfen lassen und während der letzten ca. 10 Minuten zur Suppe geben.

3. Meerrettich schälen und grob raspeln. Etwa die Hälfte unter die Suppe mischen und diese mit Apfelessig, Salz und Pfeffer abschmecken. Auf Schälchen verteilen und mit dem übrigen Meerrettich bestreuen.

Pro Portion: 419 kcal, 10 g F, 15 g EW, 59 g KH, 15 g BST
Vorbereitungszeit: 20 min / Zubereitungs-/Garzeit: 30 min / Gesamtzeit: 50 min / Schwierigkeitsgrad: leicht

Vegan

Grünkohlsuppe mit Grünkohlchips

Für 2 Personen

400 g Grünkohl / 2 TL Olivenöl / Salz / 1 Zwiebel / 1 Knoblauchzehe / 75 g Knollensellerie / 150 g mehligkochende Kartoffeln / 500 ml Gemüsebrühe / 4 EL Sojajoghurt / 1 EL Limettensaft / Muskat / Pfeffer aus der Mühle

❶ Den Ofen auf 120 °C Umluft vorheizen. Ein Backblech mit Backpapier auslegen.

❷ Den Grünkohl waschen, putzen, harte Stiele entfernen und für die Chips etwa 2 Handvoll Blätter trocken tupfen. In einer Schüssel mit 1 TL Olivenöl vermengen und auf dem Blech verteilen. Im Ofen ca. 40 Minuten trocknen lassen und knusprig backen. Dabei 2–3-mal wenden. Zwischendurch die Backofentür öffnen, damit die Feuchtigkeit entweichen kann. Sobald die Grünkohlchips kross sind, aus dem Ofen nehmen, leicht salzen und abkühlen lassen.

❸ Für die Suppe den übrigen Grünkohl grob hacken. Die Zwiebel, Knoblauch, Sellerie und Kartoffeln schälen und alles klein würfeln. Zwiebeln und Sellerie in einem Topf im übrigen heißen Öl leicht goldbraun braten. Knoblauch, Kartoffeln und Grünkohl untermischen und die Brühe angießen. Etwa 15 Minuten leise köcheln lassen.

❹ Die Suppe fein pürieren und den Sojajoghurt untermischen. Mit Limettensaft, Muskat, Salz und Pfeffer abschmecken und auf Schälchen verteilen. Mit den Chips garniert servieren.

Pro Portion: 286 kcal, 12 g F, 13 g EW, 23 g KH, 12 g BST
Zubereitungszeit: 25 min / Garzeit ca.: 1 h / Gesamtzeit: 1 h 25 min / Schwierigkeitsgrad: leicht

Chicorée-Birnen-Salat mit Walnüssen

Für 2 Personen

300 g Chicorée / 2 saftige Birnen (z. B. Williams Christ) / 1 Apfel / 50 g Walnusskerne / 2 EL Weißweinessig / 1 TL Dijonsenf / 1 TL Agavendicksaft / 1 EL Walnussöl / Meersalz / Pfeffer

1. Den Strunk vom Chicorée entfernen, die Blätter ablösen, waschen und trocken schütteln. In mundgerechte Streifen schneiden. Birnen und Apfel waschen, vierteln, die Kerngehäuse entfernen und das Fruchtfleisch in schmale Stifte schneiden. Die Walnusskerne grob hacken.

2. Chicorée, Birne, Apfel und Walnusskerne in eine Schüssel geben und miteinander vermengen.

3. Für das Dressing Weißweinessig, Senf, Agavendicksaft und Walnussöl cremig rühren. Mit Salz und Pfeffer würzen.

4. Das Dressing über den Salat geben und vorsichtig untermischen. Auf Teller anrichten.

Pro Portion: 422 kcal, 28 g F, 7 g EW, 32 g KH, 8 g BST
Vorbereitungszeit: 20 min
Schwierigkeitsgrad: leicht

Topinambur-Gratin mit Hanfnüssen und Käse

Für 2 Personen

1 TL weiche Butter für die Form / 200 g Topinambur (möglichst dicke Knollen) / 200 g Kartoffeln (vorwiegend festkochend) / 100 ml Gemüsebrühe / 150 g Sahne / Kräutersalz / Muskat / Pfeffer / 2 EL geschälte Hanfnüsse / 40 g geriebener Käse (z. B. mittelalter Gouda)

1. Den Backofen auf 180°C Ober- und Unterhitze vorheizen. Eine kleine Gratinform (18–20 cm Durchmesser) mit Butter fetten.

2. Die Topinambur gründlich unter Wasser abbürsten und trocken tupfen. Die Kartoffeln waschen, schälen und in dünne Scheiben schneiden oder hobeln. Genauso die Topinambur. Beides dachziegelartig in die Auflaufform schichten.

3. Die Gemüsebrühe mit der Sahne, Kräutersalz, Muskat und etwas Pfeffer verrühren. Die Mischung über die Gemüsescheiben gießen. Die Hanfnüsse und den geriebenen Käse darüberstreuen und das Gratin im heißen Ofen in der Mitte etwa 50 Minuten goldbraun backen.

Pro Portion: 536 kcal, 39 g F, 16 g EW, 23 g KH, 14 g BST
Vorbereitungszeit: ca. 20 min / Garzeit ca. 50 min
Schwierigkeitsgrad: leicht

Rosenkohlpfanne mit Preiselbeeren

Für 2 Personen

2 TL Ahornsirup / 2 TL Pflanzenöl / 1 TL Paprikapulver, geräuchert / 1 EL Sojasauce / 1 TL Tomatenmark / ½ TL Senf / Salz / Pfeffer aus der Mühle / 2 Blatt Reispapier / 600 g Rosenkohl / 1 rote Zwiebel / 2 EL Mandelkerne / 40 g Preiselbeeren / 1 Zweig Rosmarin / 1 TL Zitronensaft

1. Für den veganen „Speck" den Ofen auf 200 °C Umluft vorheizen.

2. 1 TL Ahornsirup mit 1 TL Öl, Paprikapulver, Sojasauce, Tomatenmark, Senf, Salz und Pfeffer glatt rühren. Das Reispapier in Streifen (ca. 3 cm breit) schneiden. Kurz in kaltes Wasser tauchen, trocken tupfen und jeweils 2 Streifen übereinander auf ein mit Backpapier belegtes Backblech legen. Mit der Marinade bepinseln und im Ofen 10–15 Minuten goldbraun backen. Auskühlen lassen und in Stücke brechen.

3. Den Rosenkohl waschen, putzen und halbieren. Die Zwiebel schälen und in schmale Spalten schneiden. Die Mandeln in einer Pfanne goldbraun rösten. Mit dem übrigen Ahornsirup beträufeln und karamellisieren. Herausnehmen und abkühlen lassen. In der Pfanne im restlichen Öl den Rosenkohl mit den Zwiebeln braun anbraten. Mit Salz und Pfeffer würzen, ein wenig Wasser angießen und mit Deckel ca. 10 Minuten gar dünsten.

4. Die Preiselbeeren abbrausen und abtropfen lassen. Den Rosmarin abbrausen, trocken schütteln und fein hacken. Beides unter den Rosenkohl mischen und alles zusammen kurz gar ziehen lassen. Mit Zitronensaft abschmecken, den „Speck" kurz untermischen und mit den Mandeln bestreuen.

Pro Portion: 322 kcal, 14 g F, 17 g EW, 24 g KH, 14 g BST
Zubereitungszeit: 20 min / Garzeit ca.: 35 min / Gesamtzeit: 55 min / Schwierigkeitsgrad: leicht

Gemüse-Fritters mit Weißkohl und Karotten

Für 2 Personen

200 g Weißkohl / Salz / 200 g Kartoffeln (vorwiegend festkochend) / 150 g Rübchen mit Grün (z. B. Teltower oder Steckrübe) / 1 Möhre mit Grün / ½ Handvoll junger Spinat / 2 Stängel Dill / 1 Ei / 2 EL Dinkelvollkornmehl / Pfeffer aus der Mühle / Muskat / 2 EL Pflanzenöl / 1 kleine Knoblauchzehe / 50 g Schmand / 50 g Magerquark / 1 TL Zitronensaft

1. Den Weißkohl abbrausen, putzen und in feine Streifen hobeln. Mit etwas Salz vermengen und einige Minuten ziehen lassen. In einem Sieb abbrausen und gut ausdrücken. Die Kartoffeln, Rübchen und Möhre schälen und jeweils raspeln. Die Kartoffeln ebenfalls gut ausdrücken. Das Möhren- und Rübchengrün grob hacken. Spinat und Dill abbrausen, trocken schütteln und jeweils ein paar Blätter zum Garnieren beiseitelegen. Den Rest hacken.

2. Alle vorbereiteten Zutaten in einer Schüssel mit dem Ei, Mehl, Salz, Pfeffer und Muskat gut vermengen.

3. In einer großen Pfanne (am besten beschichtet) das Öl erhitzen und 10–12 kleine Häufchen hineinsetzen. Flach drücken und die Fritters auf beiden Seiten jeweils 4–5 Minuten goldbraun ausbacken.

4. Inzwischen für den Dip den Knoblauch abziehen und pressen. Mit dem Schmand, Quark und Zitronensaft verrühren und mit Salz abschmecken.

5. Die Fritters auf Küchenpapier abtropfen lassen und auf Teller stapeln. Mit einem Klecks vom Dip toppen, mit den Blättern garnieren und den übrigen Dip in Schälchen dazuservieren.

Pro Portion: 498 kcal, 28 g F, 15 g EW, 41 g KH, 11 g BST
Zubereitungszeit: 25 min / Garzeit ca.: 10 min / Gesamtzeit: 25 min /
Schwierigkeitsgrad: leicht

Radicchio-Röllchen mit Ricottafüllung

Für 2 Personen

2 Scheiben Vollkorntoast / 8 große Blätter Radicchio (ca. 200 g) / Salz / 1 Handvoll Petersilie / 30 g getrocknete Tomaten in Öl / 1 Knoblauchzehe / 50 g Hartkäse / 200 g Ricotta / 1 Ei / 1 Eigelb / Pfeffer / 2 EL Pinienkerne / 1 EL Butter

1. Toast mit Wasser übergießen, ca. 10 Minuten einweichen. Radicchio-Blätter in siedendem Salzwasser biegsam kochen. Abgießen, kalt abschrecken, abtropfen lassen. Petersilie samt Stielen fein hacken. Tomaten klein würfeln, Knoblauch schälen und durchpressen, Hartkäse reiben. Brot gut ausdrücken und zerpflücken. Mit Petersilie, Tomaten, Knoblauch, 40 g Hartkäse, Ricotta, Ei und Eigelb mischen und würzen.

2. Den Backofen auf 220 °C vorheizen. Radicchio-Blätter ausbreiten, jeweils 3 TL Ricottafüllung in die Blattmitte setzen. Blattränder einschlagen, Blätter aufrollen. Röllchen in eine ofenfeste Form legen. Pinienkerne mit restlichem Hartkäse und Butterflöckchen darauf verteilen. Radicchio-Röllchen ca. 20 Minuten backen, bis sie bräunen. Kurz stehen lassen und servieren.

Pro Portion: 599 kcal, 44 g F, 30 g EW, 20 g KH, 5 g BST
Vorbereitungszeit: ca. 30 min / Garzeit: ca. 20 min / Gesamtzeit ca. 50 min / Schwierigkeitsgrad: leicht

Pastinaken-Nudeln mit Zitronen-Spinat

Für 2 Personen

200 g Blattspinat / 1 Schalotte / 1 Knoblauchzehe / 1 EL Walnusskerne / 500 g Pastinaken / Salz / 1 EL Butter / 100 g Crème fraîche / Pfeffer / Zesten und etwas Saft von ½ Bio-Zitrone

1 Spinat waschen, von Stielen befreien, grob hacken. Schalotte und Knoblauch schälen, beides fein hacken. Die Walnüsse grob hacken. Pastinaken putzen, schälen und mit einem Spiralschneider schmale „Nudeln“ abschälen, Reste mit einem Messer in dünne Streifen schneiden. In Salzwasser ca. 2 Minuten bissfest garen. Abtropfen lassen.

2 Inzwischen Schalotten und Knoblauch in Butter andünsten, den Spinat zugeben und bei starker Hitze garen, bis er zusammenfällt und die Flüssigkeit verdampft ist. Crème fraîche untermengen und alles mit Salz, Pfeffer, Zitronenschale und 1–2 TL Zitronensaft abschmecken. Den Spinat auf den abgetropften Pastinaken-Nudeln verteilen, mit Walnüssen bestreuen und servieren. Dazu passt knuspriges Baguette.

Pro Portion: 450 kcal, 28 g F, 9 g EW, 34 g KH, 8 g BST
Vorbereitungszeit: ca. 20 min / Garzeit: ca. 10 min / Gesamtzeit ca. 30 min / Schwierigkeitsgrad: leicht

Gebackene Süßkartoffeln mit Linsen

Für 2 Personen

2 Süßkartoffeln / 1 Knoblauchzehe / 10 g Ingwer / 1 Frühlingszwiebel / 2 TL Rapsöl / 1 EL gelbe Currypaste / 60 g rote Linsen / 1 Zitrone / 40 g Kirschtomaten / 2 Stängel Koriandergrün / Salz / Cayennepfeffer / 200 g Rotkohl / 1 Möhre / 1 TL Honig / 2 EL Joghurt

1 Den Ofen auf 200 °C Unter- und Oberhitze vorheizen.

2 Die Süßkartoffeln waschen und rundherum einige Male mit einer Gabel einstechen. Auf ein mit Backpapier belegtes Backblech legen und im Ofen ca. 45 Minuten weich backen.

3 Inzwischen für die Füllung Knoblauch und Ingwer schälen und beides fein hacken. Die Frühlingszwiebel abbrausen, putzen und in feine Ringe schneiden. Etwa 2 EL der grünen Ringe für den Salat beiseitelegen. Den Rest mit Knoblauch und Ingwer in einem Topf in 1 TL heißem Öl farblos anbraten. Die Currypaste und die Linsen kurz mitschwitzen und ca. 120 ml Wasser angießen. Etwa 15 Minuten sämig gar köcheln. Nach Bedarf etwas Wasser nachgießen.

4 Die Zitrone halbieren und zum Servieren 2 Spalten abschneiden. Vom Rest den Saft auspressen. Die Tomaten waschen, putzen und vierteln. Während der letzten 5 Minuten unter die Linsen mischen. Das Koriandergrün abbrausen, trocken schütteln und zum Garnieren ein paar Blätter abzupfen. Den Rest samt Stielen fein hacken und unter die Linsen mengen. Mit Zitronensaft, Salz und Cayennepfeffer abschmecken.

5 Für den Salat den Rotkohl waschen, putzen und in feine Streifen schneiden oder hobeln. Die Möhre schälen und fein stifteln. Beides mit dem übrigen Öl, 1–2 EL Zitronensaft, Honig und Salz vermengen, die grünen Frühlingszwiebelringe untermischen und abschmecken.

6 Die Süßkartoffeln längs aufschneiden und auf Teller legen. Leicht auseinanderdrücken und mit der Linsenmischung füllen. Mit dem Joghurt toppen und mit dem Koriandergrün garnieren. Den Salat mit auf die Teller geben und mit den Zitronenspalten servieren.

Pro Portion: 426 kcal, 9 g F, 14 g EW, 66 g KH, 10 g BST
Vorbereitungszeit: 30 min / Backzeit: 45 min / Zubereitungs-/Garzeit: 20 min / Gesamtzeit: 1 h 35 min / Schwierigkeitsgrad: leicht

Sauerkraut aus dem Ofen mit Grillpfirsichen

Für 2 Personen

500 g Sauerkraut / 1 TL Koriander / 1 TL Kümmel / ½ TL Pfefferkörner / 1 Zwiebel / 1 TL Pflanzenöl / 1 Zimtstange / 100 ml Weißwein / 200 ml Gemüsebrühe / 2 Stängel Salbei / 1 großer Pfirsich / 1 EL Honig / 1 EL Zitronensaft / Salz / 2 EL Crème fraîche

❶ Ofen auf 180 °C Ober- und Unterhitze vorheizen.

❷ Das Sauerkraut abtropfen lassen. Koriander, Kümmel und Pfeffer im Mörser zerstoßen. Die Zwiebel schälen, halbieren und in feine Streifen schneiden. In einem Bräter im heißen Öl glasig anschwitzen. Zimt und die Hälfte der Würzmischung kurz mitschwitzen. Mit dem Wein ablöschen und die Brühe angießen. Das Kraut untermischen und mit Deckel im Ofen ca. 45 Minuten schmoren. Dabei regelmäßig rühren. Den Salbei abbrausen, trocken schütteln und grob zerpflücken. Etwa die Hälfte zum Garnieren abnehmen, den Rest nach ca. 25 Minuten unter das Kraut mischen und ohne Deckel fertig garen. Falls nötig, ein wenig Wasser ergänzen.

❸ Den Pfirsich waschen, halbieren und entkernen. In einer Grillpfanne garen, bis sich auf der Schnittfläche Streifen zeigen. Herausnehmen, in Scheiben schneiden und mit dem Honig und Zitronensaft beträufeln. Das Kraut mit Salz abschmecken und auf Teller anrichten. Pfirsich zum Kraut legen. Die Crème fraîche dazusetzen und mit der übrigen Würzmischung bestreuen. Mit Salbei garniert servieren.

Pro Portion: 251 kcal, 9 g F, 4 g EW, 23 g KH, 2 g BST
Vorbereitungszeit: 15 min / Garzeit: 45 min / Gesamtzeit: 1 h / Schwierigkeitsgrad: leicht

Vegan

Rote-Bete-Lasagne mit Hartkäse

Für 2 Personen

250 g Rote Bete / 1 Handvoll Basilikum / 1 Handvoll Babymangold / 1 Schalotte / 1 Knoblauchzehe / 2 EL Butter / Salz / schwarzer Pfeffer aus der Mühle / 1 EL Mehl / 250 ml Milch / 100 g Ricotta / ½ Bio-Zitrone, Abrieb und Saft / 120 g Lasagneblätter / 30 g geriebener Hartkäse

❶ Die Rote Bete waschen und ca. 45 Minuten gar dämpfen. Abschrecken, schälen und auskühlen lassen. In dünne Scheiben schneiden.

❷ Basilikum und Mangold abbrausen, verlesen und jeweils ein paar Blätter zum Garnieren beiseitelegen. Den Rest grob hacken. Schalotte und Knoblauch abziehen und beides fein hacken. Zusammen in einer Pfanne in 1 EL heißer Butter glasig anschwitzen. Die Kräuter zugeben und zusammenfallen lassen. Von der Hitze nehmen und mit Salz und Pfeffer würzen.

❸ Für die Sauce die übrige Butter mit dem Mehl in einem Topf hell anschwitzen und die Milch angießen. Einige Minuten sämig köcheln. Von der Hitze nehmen, Ricotta, Zitronensaft und -abrieb untermischen und mit Salz und Pfeffer abschmecken.

❹ Den Ofen auf 180 °C Unter- und Oberhitze vorheizen.

❺ In einer kleinen Lasagneform (ca. 10x20 cm) etwas Sauce verteilen. Mit einer Schicht Nudeln bedecken und mit der Hälfte der Roten Bete belegen. Mit Sauce und einer weiteren Nudelschicht versehen. Mit Sauce bestreichen und die Kräuter darauf verteilen. Mit Nudeln belegen, mit Roter Bete und Sauce fortfahren und mit Nudeln belegen. Mit der übrigen Sauce bestreichen und mit dem Hartkäse bestreuen. Im Ofen ca. 35 Minuten goldbraun backen. Vor dem Servieren einige Minuten ruhen lassen. In Stücke teilen und mit Kräutern garnieren.

Pro Portion: 652 kcal, 29 g F, 24 g EW, 70 g KH, 4 g BST
Vorbereitungszeit: 35 min / Zubereitungs-/Garzeit: 55 min / Backzeit: 35 min / Gesamtzeit: 2 h 5 min / Schwierigkeitsgrad: mittel

Wintercurry mit Schwarzkohl

Für 2 Personen

250 g Schwarzkohl / 200 g Brokkoli / 300 g Steckrübe / 2 Tomaten / 1 Zwiebel / 1 Knoblauchzehe / 10 g Ingwer / 1 EL Pflanzenöl / 1 EL rote Currypaste / 400 ml Gemüsebrühe / Salz / ½ TL Kurkumapulver / Cayennepfeffer / 3 Stängel Koriandergrün / 1 EL Zitronensaft

1 Den Schwarzkohl und Brokkoli waschen und putzen. Die Blätter vom Schwarzkohl in Streifen schneiden. Den Brokkoli waschen und in kleine Röschen teilen. Den Stiel schälen und in kleine Stücke schneiden. Die Steckrübe schälen und würfeln. Die Tomaten waschen, putzen und würfeln. Die Zwiebel und den Knoblauch schälen und beides fein würfeln. Den Ingwer schälen und fein hacken.

2 Zwiebeln, Ingwer und Knoblauch in einer tiefen Pfanne im heißen Öl glasig anschwitzen. Die Currypaste kurz mitschwitzen und die Brühe angießen. Tomaten, Brokkolistiele, Schwarzkohl und Steckrübe in die Pfanne geben und mit Salz, Kurkuma und Cayennepfeffer würzen. Den Deckel auflegen und ca. 25 Minuten gar köcheln. Die Brokkoliröschen während der letzten ca. 10 Minuten ergänzen.

3 Das Koriandergrün abbrausen, trocken schütteln und grob hacken. Das Curry mit Zitronensaft abschmecken und mit dem Koriander bestreut servieren.

Pro Portion: 305 kcal, 14 g F, 13 g EW, 22 g KH, 15 g BST
Zubereitungszeit: 20 min / Garzeit: ca.: 30 min / Gesamtzeit: 50 min / Schwierigkeitsgrad: leicht

Grünkohl-Kürbis-Eintopf mit weißen Bohnen

Für 2 Personen

100 g weiße Bohnen, getrocknet / 250 g Grünkohl / Salz / 1 Zwiebel / 1 Knoblauchzehe / 400 g Muskatkürbis / 2 Möhren / 1 TL Rapsöl / 600 ml Gemüsebrühe / Pfeffer aus der Mühle / Kümmelpulver / 2 Tomaten / Salz / 2 Stängel Petersilie / 1 EL Apfelessig

1. Die Bohnen über Nacht in Wasser einweichen. Dann abgießen und abtropfen lassen. Den Grünkohl abbrausen, putzen und die Blätter grob hacken. In Salzwasser kurz blanchieren, abschrecken und abtropfen lassen. Die Zwiebel und den Knoblauch abziehen und beides fein würfeln. Den Kürbis waschen, schälen, Fasern und Kerne entfernen und das Fruchtfleisch würfeln. Die Möhren schälen, längs halbieren und in Stücke schneiden.

2. Zwiebeln und Knoblauch in einem Topf im heißen Öl glasig anschwitzen. Die Brühe angießen und die Bohnen mit dem Grünkohl, Möhren und Kürbis zugeben.
Mit Pfeffer und Kümmel würzen und halb zugedeckt ca. 1 Stunde gar köcheln.

3. Die Tomaten abbrausen, putzen und klein schneiden. Während der letzten ca. 15 Minuten unter den Eintopf mischen und salzen.

4. Die Petersilie abbrausen, trocken schütteln und grob hacken. Den Eintopf mit dem Essig, Salz und Pfeffer abschmecken und mit der Petersilie bestreut servieren.

Pro Portion: 418 kcal, 11 g F, 22 g EW, 49 g KH, 17 g BST
Vorbereitungszeit: 20 min / Wartezeit: 12 h / Zubereitungs-/Garzeit: 1 h 5 min / Gesamtzeit: 13 h 25 min / Schwierigkeitsgrad: leicht

Rezeptregister

A/B

C/D

E/F

G/H

K

L/M/N

O/P

Q/R

S/T

V/W/Z

Sachregister

A/B

C/D

E/F

G/H

I/J/K

L

M/N

O/P/R

S/T

Ü/U

V

W

Z

Impressum

Apotheken Umschau: Fleischfrei

ISBN 978-3-927216-76-1
PZN: 18080175

1. Auflage 2022
Wort & Bild Verlag
Konradshöhe GmbH & Co. KG
Konradshöhe 1, 82065 Baierbrunn
Handelsregister: Amtsgericht München
HRA 44980 / USt-ID-Nr. DE 130750628

Geschäftsführer:
Andreas Arntzen (Vorsitzender),
Dr. Dennis Ballwieser, Malte von Trotha
Chefredaktion: Dr. Dennis Ballwieser,
Julia Rotherbl

Projekt- und Redaktionsleitung:
Beatrice Sobeck (Isartal Health Media GmbH & Co. KG; IHM)
Konzept und Lektorat: Elke Schurr (IHM)
Text: Stephanie Arndt
Rezepte: Katrin Ertl
Redaktionelle Mitarbeit: Christine Kluge
Art Direction und Editorial Design: Dominik Schwarz (IHM)
Layout & Satz: GROOTHUIS. Gesellschaft der Ideen und Passionen mbH für Kommunikation und Medien, Marketing und Gestaltung; groothuis.de
Bildredaktion: Dana Römhild-Fries (IHM),
Stephanie Wiegand (IHM)
Illustrationen: Lina Ekstrand /WildFox Running
Schlussredaktion: Schlussredaktion.de GmbH
Bildbearbeitung: Olaf Schnee
Produktion: Angelika Emmert
Druck: Grafisches Centrum Cuno GmbH
& Co. KG, Gewerbering West 27, 39240 Calbe (Saale)
- gedruckt im Ultra HD Print®

Vertrieb:
Edel Verlagsgruppe GmbH
Neumühlen 17
22763 Hamburg
Germany

Klimaneutral Druckprodukt
ClimatePartner.com/13493-2203-1029

FSC MIX
Papier aus verantwortungsvollen Quellen
www.fsc.org FSC® C043106

Hinweis: Die Ratschläge in diesem Buch wurden sorgfältig erarbeitet und geprüft. Erkrankungen gehören in ärztliche Behandlung. Das Buch kann daher keinen ärztlichen Rat ersetzen.

Bildnachweise:
55, 63, 87, 100 Udo Einenkel /Stockfood
57, 145 Kramp + Gölling für ZS Verlag /Stockfood
58 Dorota Indycka/ Stockfood
59 PhotoCuisine /Stockfood
61 William Boch / Stockfood
65, 117, 125, 135 Claudia Timmann für ZS Verlag / Stockfood
67 Maricruz Avalos Flores /Stockfood
69 Photoart / StockFood Studios / tockfood
70 Profimedia /Stockfood
71 Kati Neudert /Stockfood
73, 153, 161 Irina Meliukh / tockfood
75 Anke Schütz für ZS Verlag /Stockfood
77 Food with a View /Stockfood
79 Jan-Peter Westermann /StockFood Studios /Stockfood
83 Brigitte Sporrer/StockFood Studios /Stockfood
85 Seefoodstudio /Stockfood
86 Uta Gleiser Photography /StockFood Studios / Stockfood
89 Anna Pustynnikova /Stockfood
91 Great Stock! /Stockfood
92, 97 Bauer Syndication /Stockfood
95 Rua Castilho /Stockfood
99 Wolfgang Schardt /Gräfe & Unzer Verlag /seasons. agency
101, 159 Thorsten Suedfels /StockFood Studios / Stockfood
103 Katrin Winner /StockFood Studios /Stockfood
104 Wolfgang Schardt für ZS Verlag /Stockfood
107, 139 Monika Rosa /Stockfood
109 Ewgenija Schall /Stockfood
113, 131 Springlane /Stockfood
115 Jan-Peter Westermann / Jalag /Stockfood
118 Maricruz Avalos Flores /Stockfood
119 Carolin Strothe /Stockfood
121 Julia Hoersch /Gräfe & Unzer Verlag /seasons.agency
123 Jan Wischnewski /Stockfood
127 Janne Peters /Stockfood
129, 132 Ulrike Holsten /StockFood Studios /Stockfood
136 Kerouédan / PhotoCuisine /Stockfood
143 Oliver Brachat / StockFood Studios /Stockfood
144 Simone Neufing /Stockfood
146 Hein van Tonder /Stockfood
148 Nicky Walsh /Gräfe & Unzer Verlag /seasons.agency
149 Katrin Winner /Gräfe & Unzer Verlag / seasons.agency
151 Aina C. Hole /Stockfood
154, 155 Coco Lang /Gräfe & Unzer Verlag /seasons. agency
156 Good Food / Immediate Media /Stockfood
163 Grossmann.Schuerle für ZS Verlag /Stockfood
165 Katrin Winner für ZS Verlag /Stockfood